Onkel Florians fliegender Flohmarkt

Ein Spiel-Vorlese-Lese-Rätsel-Reim-Geschichten-Anschau-Weitermach-Buch geschrieben und gezeichnet von

Paul Maar

Verlag Friedrich Oetinger, Hamburg

© Verlag Friedrich Oetinger, Hamburg 1977 / 2
Alle Rechte vorbehalten
Gesamtherstellung: Clausen & Bosse, Leck
Printed in Germany 1977
ISBN 3 7891 2900 3

Inhalt

Onkel Florian erzählt Geschichten	12
Spinnen	15
und Das Märchen vom roten Licht	24
Bildergeschichten	30
Gedichte, Wort- und Buchstabenspiele	54
Kopfstehbilder, Geschnörkel und anderes	72
Onkel Florian erzählt eine Geschichte	88
Der Junge und der Hund	90
Ameurasilien	100
Onkel Florian erzählt eine Geschichte	116
Die Buchstabiermaschine	119
Buchstabengeschichten	142
Herr Dörrlein erzählt eine Geschichte	164
Rätsel	188
Onkel Florian erzählt Geschichten	200
Der Preis	203
und Professor Lemmings Fund	211
Lesestoff für Analphabeten	236
Schreibmaschinenbilder	250
Onkel Florian erzählt Geschichten	264
Gescheite Leute	267
und Sherles Holmocks schwierigster Fall	273
Suchbilder und Anschmiegbilder	282
Onkel Florians vorläufiger Fortflug	306

Meine Oma Kuni ist Wirtin. Ihr gehört eine Gastwirtschaft in einem Dorf in Franken. Es ist ein schönes Dorf. Keines, wo nur noch Leute aus der Stadt wohnen, die sich nicht kennen, in der Stadt arbeiten und nur zum Schlafen heimfahren. In Oma Kunis Dorf reden sich noch alle mit dem Vornamen an.

Meine Oma Kuni ist jetzt schon über achtzig Jahre alt. Trotzdem steht sie jeden Tag in der Wirtschaft, schenkt ein, spült die Gläser aus, unterhält die Gäste und spielt Schafskopf. Schafskopf spielt sie allerdings sehr selten, denn sie muß ja die Gäste bedienen, und das kann sie nicht, während sie Karten spielt. Aber alle wissen, wie gut sie spielt, deswegen muß sie immer den «Bieskarter» machen. Das ist der Mann – oder hier: die Frau, die bei einer Schafskopfrunde immer dann einspringt, wenn einer der vier Karter mal kurz über den Hof muß. Der sagt dann: «Kuni, setz di ä weng här und kart ä bißle miet för mich, ich muß emoll naus!»

Oma Kuni setzt sich dann hin und kartet an seiner Stelle weiter. Und weil sie so gut spielt, gewinnt sie fast immer. Deswegen bleibt der Karter gern ein Weilchen neben ihr sitzen, wenn er wieder zurückgekommen ist, schaut zu, wie sich in seinem Kartschüsselchen das Geld vermehrt, und sagt: «Bleib ner noch ä bißle sitzen, Kuni! Bleib ner sitzen!» Bis die anderen drei Karter langsam wütend werden, weil sie ständig verlieren, und sagen: «So, Heiner, jetzt setzt de di abber widder här!»

Dann steht Oma Kuni auf und geht durch die Wirtschaft, um die vielen Biergläser einzusammeln, die sich inzwischen geleert haben, spült sie, füllt sie wieder und verteilt sie auf die Tische.

Meine Oma Kuni ist keine erfundene Oma. Manche Schriftsteller erfinden ja Großväter und Tanten, um dann Geschichten erzählen zu können, in denen der Großvater oder die Tante die Hauptrolle spielen.

Ein bißchen ist es auch mit meinem Onkel Florian so, von dem bald die Rede sein wird. Aber Oma Kuni gibt es wirklich. Für alle, die es nicht glauben, ist hier ein Foto von ihr.

Als ich noch ein Kind war, habe ich bei Oma Kuni gewohnt. Damals hat auch noch ihr Mann gelebt, der Opa Schorsch. Und damals ist nachmittags immer der Herr Flierl mit seinen beiden Enkeln in die Wirtschaft gekommen. Der Herr Flierl war von Beruf «Flugpionier». So hat er sich jedenfalls immer vorgestellt. Ich wußte nicht, was ein Flugpionier ist. Deswegen habe ich mir von Opa Schorsch erklären lassen, daß Herr Flierl als Mechaniker bei den allerersten Flugzeugen mitgearbeitet hat, die überhaupt gebaut worden sind. Er erzählte oft von Doppeldeckern und gefährlichen Flugzeugstarts und daß er zu Hause in seinem Schuppen einen ganz neuartigen Flugapparat bauen würde. Der würde einmal alles in den Schatten stellen, was jetzt so in der Luft herumfliegt. Ich stellte mir oft vor, wie er eines Tages mit seinem neugebauten Flugzeug bei uns im Hof landen würde. Oma Kuni meinte zwar, der Florian (so hieß der Herr Flierl mit Vornamen) sei «ä bißle ein Spinner». Aber ich mochte ihn sehr gern und sagte «Onkel Florian» zu ihm.

Ich machte meine Hausaufgaben absichtlich immer zu der Zeit, zu der Onkel Florian mit seinen Enkeln in die Wirtschaft kam. Dann saß ich am Tisch neben der Theke, hatte meine Hefte vor mir liegen und guckte zu, wie Onkel Florian seine Enkel fütterte. Immer bestellte er ein Glas Bier, eine Limonade mit zwei Gläsern und einen Ringel Fleischwurst. Dann holte er ein spitzes Messer aus der Tasche, zerschnitt die Fleischwurst in gleichgroße Würfel, steckte einen Würfel auf die Messerspitze und schob ihn in den Mund. Erst kam der Enkel rechts neben ihm an die Reihe (der ältere), darauf der links neben ihm. Wenn die beiden Buben ihre Wurst aufgegessen hatten, sperrten sie den Mund so lange auf, bis es Onkel Florian bemerkte, einen neuen Würfel aufs Messer spießte und nachschob. Die beiden brauchten nie etwas zu sagen, weder «Ich hab Hunger», noch «Krieg ich noch ein Stück?». Wenn Onkel Florian einen aufgesperrten Mund sah, schob er einfach den nächsten Wurstwürfel hinein. («Wie bei de Vögele!» sagte Oma Kuni dazu.)

Einmal hatte ich ein Buch geschenkt bekommen. Darin gab es eine gezeichnete Giraffe, die man ausschneiden und zusammenfalten konnte. Aber die Gebrauchsanleitung war schlecht. Ich kam einfach nicht dahinter, wie man die einzelnen Teile knicken mußte, damit die Giraffe stehen blieb. Da half mir Onkel Florian zum erstenmal beim Basteln. Er sah von seinem Tisch aus, wie ich mich vergeblich abmühte. Und als die Fleischwurst aufgegessen war, kam er herüber, sah sich das Ganze kurz an, knickte sofort die richtigen Teile um – und die Giraffe stand auf dem Tisch. Meine Begeisterung muß ihn angesteckt haben. Jedenfalls baute er für mich noch gleich ein Flugzeugmodell aus Papier und half mir, die richtigen Buchstaben für die genaue Typenbezeichnung aus der Zeitung auszuschneiden und aufzukleben. Von da an half er mir oft beim Basteln. Ihm fiel immer ein, was man bauen, falten, kleben, malen oder zeichnen könnte. Wenn er besonders gut gelaunt war, fing er an, in Versen zu reden. Die waren zwar ziemlich holprig, aber meine Begeisterung war grenzenlos, wenn er es geschafft hatte, einige Minuten lang immer das letzte Wort des einen Satzes mit dem letzten Wort des nächsten zu reimen.

Als ich acht oder neun war, verschwand Onkel Florian aus meinem Leben. Eines Tages kam er nicht mehr in die Wirtschaft. Oma Kuni behauptete, er sei weggezogen. Später, nach vielen Jahren, hat sie mir gesagt, daß man ihn damals in eine Heilanstalt gebracht hatte.

Ein paar Jahre später, als ich elf Jahre alt war, machte meine Mutter mit mir einen Ausflug nach Würzburg. Wir schauten uns die Stadt an, aßen Bratwürstchen mit Sauerkraut zum Mittagessen, und dann sagte meine Mutter: «Bevor wir zum Bahnhof gehen, schauen wir noch einmal beim Florian rein.»
«Beim Onkel Florian?» fragte ich aufgeregt.
«Nein», sagte sie. «Beim Florian, der den Flohmarkt hat.»
Ich verstand gar nichts mehr.
Aber dann stellte sich heraus, daß der Trödler, zu dem wir gingen, mit Nachnamen Florian hieß, und daß ein Flohmarkt ein langer Schuppen ist, bis unters Dach vollgeladen mit altem Spielzeug, mit Puppen, mit Flugzeug- und Eisenbahnmodellen, mit großen, alten Dias, auf denen «Wilde Menschen» und «Wölfe verfolgen eine Kutsche» zu sehen war, Berge von Büchern mit Bildern und ohne Bilder, Postkarten und Hunderte von Blättern, aus denen man Gegenstände ausschneiden und sie anmalen konnte. Eine Viertelstunde wollten wir bleiben, aber wir blieben über eine Stunde und versäumten unseren Zug.

Später hat sich dann alles in meiner Vorstellung vermischt. Ich glaubte, daß Onkel Florian nach Würzburg gezogen sei, als er von uns so plötzlich wegging, und daß er der Florian sei, dem der wunderbare Flohmarkt gehörte. Ich malte mir aus, wie er eines Tages mit seiner neuen Flugmaschine auf unserem Hof landen würde, das Flugzeug bis an den Rand vollgeladen mit Flohmarkt: Bücher, Spiele, Bilder, Sachen zum Ausschneiden und ganz, ganz viel Klebstoff. Außen auf der Maschine stand in großen Druckbuchstaben:
ONKEL FLORIANS FLIEGENDER FLOHMARKT.
Immer, wenn ich krank war und im Bett bleiben mußte oder wenn ich mich einfach nur langweilte, stellte ich mir vor, wie schön es wäre, wenn jetzt Onkel Florians fliegender Flohmarkt mit lautem Motorengeräusch landen würde und was Onkel Florian dann alles an Spielen und Beschäftigungsmöglichkeiten einfiele. Auf diese Weise fiel mir selber etwas ein, ich spielte das, was Onkel Florian in meiner Vorstel-

9

lung vorgeschlagen hatte, und die Langeweile war vorbei.
Daran habe ich gedacht, als ich dem Buch diesen Titel gegeben habe. Der Onkel Florian hier im Buch ist nicht der echte, sondern der aus meiner Vorstellung. Deswegen kann ich ihm viel mehr einfallen lassen, ihn viel mehr erzählen und zeichnen lassen, als es der echte je getan hat.

Damit er im Buch nicht so allein ist, habe ich ihm zwei Kinder dazuerfunden. Das eine Kind heißt Paul. Das bin ich, als ich noch klein war. Dem Paul im Buch habe ich die große Schwester gegeben, die ich mir als Kind manchmal gewünscht habe. Sie heißt Elfi.
Außerdem taucht in dem Buch ab und zu noch ein Mann auf, der einige Jahre bei uns ein Mansardenzimmer gemietet hatte. Das ist Herr Dörrlein.

Damit man sich im Buch besser zurechtfindet, habe ich ein Kapitelmännchen erfunden. Es sieht so aus:

Es steht bei jedem neuen Kapitel am Anfang und sagt, was in diesem Kapitel vorkommt.
Manchmal melde ich mich im Buch selbst zu Wort, wenn ich den Lesern irgendwelche Vorschläge machen will. Und zwar nicht als der kleine Paul, sondern als der erwachsene Paul, der das Buch geschrieben und gezeichnet hat. Damit man davon nicht verwirrt wird und gar nicht mehr weiß, wer jetzt spricht, habe ich das Übrigens-Tier eingeführt. Es sieht so aus:

Wenn es irgendwo auf einer Seite steht und einen Satz sagt, der meistens mit «Übrigens ...» beginnt, dann weiß man, daß hier der erwachsene Paul spricht.

Onkel Florian erzählt Geschichten

Spinnen und Das Märchen vom roten Licht

«Was machen wir heute?» fragt Elfi.
«Was machen wir heute?» fragt Paul.
«Was wir heute machen?» fragt Onkel Florian, der eben gelandet ist. «Ist doch klar: Heute werden Geschichten erzählt!»
«Was für Geschichten?» fragt Paul.
«Am besten, eine von jeder Sorte», schlägt Elfi vor.

«Von welchen Sorten sprichst du?» fragt Onkel Florian erstaunt und steigt aus dem Flugzeug. «Meinst du ernste und lustige und ironische?»
«Was ist huronisch?» fragt Paul.
«Ironisch!» erklärt Onkel Florian. «Ironische Geschichten sind solche, die sich selber nicht so ganz ernst nehmen.»
«Solche auch», sagt Elfi. «Aber eigentlich habe ich gedacht an so Sorten wie Tiergeschichten und Detektivgeschichten...»
«... und Märchen», ergänzt Paul.
«Und Gruselgeschichten», fällt Elfi noch ein.
«Jetzt verstehe ich», sagt Onkel Florian. «Laßt uns nachdenken, was es noch gibt. Das ist eine gute Idee!»
«Quatschgeschichten», sagt Elfi.
«... und Märchen», sagt Paul. Er mag am liebsten Märchen.
«Mir fällt noch ein: Schildbürgergeschichten», sagt Onkel Florian.
«Und Gaunergeschichten», sagt Elfi.
«... und Märchen», sagt Paul.
«Das hast du jetzt schon zum drittenmal gesagt. Fällt dir nichts anderes ein?» fragt Elfi.
Paul denkt nach. «Doch: Bildergeschichten», sagt er dann.
«Quatschkopf! Bildergeschichten kann man nicht erzählen», sagt Elfi. «Aber ich weiß noch eine Sorte. Ich weiß nur nicht, wie man die nennt.

Das sind Geschichten, die in der Zukunft spielen. Wo die Menschen schon zu fremden Sternen fliegen können.»
«Die nennt man ‹Science-fiction-Geschichten›», erklärt Onkel Florian. Er spricht das Wort wie «Sseienz Figgschen» aus. «Das ist ein amerikanischer Name. Weil die meisten Science-fiction-Geschichten aus Amerika kommen.»
«Erzählst du uns eine von jeder Sorte?» fragt Elfi.
«Ich will's versuchen», antwortet Onkel Florian. «Aber heute kann ich nicht alle erzählen. Womit soll ich anfangen?»
«Science-fiction», sagt Elfi.
«Märchen!» sagt Paul.
Sie werfen ein Geldstück in die Luft. Paul nimmt Wappen, Elfi nimmt Zahl. Und da Elfi gewinnt, erzählt Onkel Florian eine Science-fiction-Geschichte.

Spinnen

«Iiii – eine Spinne!» kreischte Frau Bamberger und deutete auf den Fußboden, die Augen angstvoll aufgerissen.

Das langbeinige Tier hörte auf zu gehen und blieb wie versteinert stehen. Durch seinen feinen Tastsinn hatte es die heftige Bewegung wahrgenommen, mit der sich Frau Bamberger zu ihrem Mann umgedreht hatte.

Herr Bamberger ging auf die Spinne zu. Sie erwachte plötzlich zum Leben und versuchte, vor seinen Schritten zu fliehen. Aber noch bevor sie den Teppich erreicht hatte, war er bei ihr und zertrat sie mit einem heftigen Aufstampfen. Dann holte er, auf einem Bein hüpfend, ein Blatt Papier aus dem Papierkorb, schabte damit angeekelt die Überreste der Spinne von seiner Schuhsohle und schleuderte sie aus dem offenen Fenster.

«Woher kommt eigentlich diese Abneigung gegen Spinnen?» fragte er dabei. «Ich kann Käfer in die Hand nehmen oder Fliegen. Selbst Würmer könnte ich anfassen. Aber vor Spinnen ekele ich mich einfach!»

«Ekel ist gar kein Ausdruck!» sagte seine Frau. «Ich habe Angst vor ihnen. Richtig Angst. Wenn ich mir vorstelle, daß eine dicke, haarige Spinne an meinem nackten Arm hochklettert – iii!» Sie schüttelte sich.

«Aber woher kommt das?» fragte ihr Mann. «Die Spinnen, die es hier gibt, sind doch völlig ungefährlich. Sie beißen nicht, sie kneifen nicht, sie stechen nicht. Trotzdem hat jeder Angst vor Spinnen. Ob das daher kommt, weil schon die kleinen Kinder sehen, wie sich ihre Eltern vor

Spinnen ekeln, und es nachmachen? Oder ist so etwas schon von Anfang an da?»

«Das weiß ich nicht», sagte sie. «Es ist mir auch völlig egal. Wir hätten nicht hierher aufs Land ziehen sollen, wo es nur so von Spinnen wimmelt!»

«Jetzt übertreibst du aber», sagte Herr Bamberger lachend. «Hier gibt es wahrscheinlich nicht mehr Spinnen als in der Stadt. Außerdem wolltest du auch hier draußen wohnen, weit weg vom Verkehrslärm.»

«Mach wenigstens das Fenster zu», bat sie. «Sonst kommen noch mehr von diesen Tieren ins Haus.»

Er ging auf das Fenster zu, schloß es aber nicht. Statt dessen ließ er seinen ausgestreckten Arm, mit dem er das Fenster schließen wollte, in der Luft stehen und zeigte zum Abendhimmel.

«Da!» sagte er. «Eine Sternschnuppe! Du kannst dir was wünschen, das geht in Erfüllung: Nie mehr Spinnen im Haus oder so was!»

Frau Bamberger sah die Sternschnuppe auch. Sie leuchtete nicht kurz auf, um gleich wieder zu verlöschen, wie andere Sternschnuppen. Sie zog einen hellen, bogenförmigen Strich über den dunklen Himmel. Der Strich wurde immer heller und schien immer näher zu kommen. Dann war die Sternschnuppe erloschen. Es gab eine heftige Erschütterung, einen Knall und eine Druckwelle. Das Fenster klirrte. Wie bei dem Flugzeug, das am Vortag über ihrem Haus die Schallmauer durchbrochen hatte.

«Was war das?» fragte die Frau und klammerte sich an den Arm ihres Mannes.

«Es muß ein Meteorit gewesen sein», sagte Herr Bamberger aufgeregt. «Er muß hier ganz in der Nähe aufgeschlagen sein.»

«Ein Meteorit?» fragte die Frau.

«Sternschnuppen sind winzige Teile von irgendwelchen Sternen. Steine oder große Brocken, die durch den Weltraum fliegen. Manchmal geraten sie zu nahe an die Erde, dann werden sie durch die Anziehungskraft der Erde eingefangen. Sie stürzen immer schneller auf die Erde zu und verglühen in der Lufthülle. Das sehen wir dann und sprechen von Sternschnuppen. Manchmal verglüht so ein Sternenstein nicht ganz, dann schlägt er auf der Erde auf. Das ist ein Meteorit. Ich muß hinausgehen, vielleicht kann ich ihn finden. Beim Aufprall schlägt er ein Loch in die Erde. Ich will ihn suchen, er ist wichtig für die Wissenschaft.»

«Ist das nicht gefährlich?» fragte sie.

«Nein, bestimmt nicht», beruhigte er sie.

Frau Bamberger schaute vom Fenster aus zu, wie ihr Mann mit einer Taschenlampe die Äcker und Wiesen vor ihrem Haus absuchte. Schließlich kam er wieder zurück.

«Nichts gefunden», sagte er achselzuckend. «Vielleicht war es doch kein Meteorit.»

«Wir können ja morgen bei Tag noch einmal nachsehen», sagte sie und schloß das Fenster.

Der Aufprall war sehr heftig gewesen. So heftig, daß Xmaa trotz des eingeschalteten Druckluftpolsters das Bewußtsein verlor. Es dauerte eine ganze Weile, bis er zu sich kam und begriff, was geschehen war. Erschrocken löste er die Haltegurte und überprüfte die Instrumente. Die meisten waren zerstört. Nur der Haupt-Energie-Anzeiger funktionierte noch. Aber es wäre ihm lieber gewesen, wenn die Werte falsch gewesen wären, die er von der Anzeigescheibe ablas: Die Energie nahm ständig ab! Schon jetzt reichte sie für einen Rückflug nicht mehr aus. Wenn er nicht gleich etwas unternahm, strömte auch noch der Rest der Energie aus dem zerstörten Raumschiff. Dann konnte er nicht einmal mehr mit seinem Heimatplaneten in Verbindung treten. Xmaa schaltete das Druckluftpolster ganz aus, ließ sich zu Boden gleiten und bewegte vorsichtig seine Beinpaare. Er schien nicht verletzt zu sein.

Nachdem er fast eine halbe Stunde gearbeitet hatte, stand die Nadel des Energie-Anzeigers endlich still. Sie stand nur noch wenige Striche vor der Null.

Xmaa berührte die Sensortaste und wartete, bis die Verbindung hergestellt war. Gleich darauf hörte er die aufgeregte Stimme des Großen Ghalas, seines Vaters.

«Was ist, Xmaa? Warum hast du die Verbindung so plötzlich unterbrochen?»

«Es ist Unvorhergesehenes geschehen. Die Energie reicht nicht mehr für lange Gespräche», sagte Xmaa hastig. «Die Anziehungskraft des

Planeten hier war viel, viel größer, als wir berechnet hatten. Das Bremssystem war zu schwach, mein Raumschiff ist zerstört. Ich kann damit nicht zurückfliegen. Was soll ich tun?»

Sein Vater versuchte seinen Schrecken zu verbergen. Aber Xmaa hörte die Aufregung in seiner Stimme, als er antwortete: «Xmaa, höre! Der erste Teil deines Auftrags bleibt: Versuche die Bewohner des Planeten zu finden und bringe ihnen die Botschaft, mit der wir dich zu ihnen geschickt haben. Der zweite Teil muß sich ändern. Doch du wirst zurückkommen.»

«Aber wie, Großer Ghala?»

«Du wirst den Bewohnern des Planeten das Geheimnis der Energie entdecken müssen.»

«Der Energie? Aber dann sind sie fähig, wie wir durch den Weltraum zu fliegen. Zu allen Planeten!»

«Du wirst es tun, weil es die einzige Möglichkeit ist, zu uns zurückzukommen», sagte sein Vater. «Versuche sie zu finden, rede mit ihnen und berichte uns, was du erreicht hast!»

«Danke, Großer Ghala», sagte Xmaa und unterbrach die Verbindung. Gleich darauf war er vor Erschöpfung eingeschlafen.

Es dauerte zwei Tage, bis Xmaa die Verbindung wieder herstellte. Der Große Ghala, sein Vater, antwortete sofort. Anscheinend hatte er die ganze Zeit vor dem Verstärker verbracht.

«Erzähle, Xmaa, was du erlebt hast!» forderte er aufgeregt.

«Es ist eine schreckliche Welt. Ich habe Angst. Ich glaube nicht, daß wir uns jemals wiedersehen, Großer Ghala», sagte Xmaa niedergeschlagen.

«Warum? Erzähle!»

«Ich habe das Raumschiff verlassen und die Lufthülle des Planeten untersucht. Sie gleicht der unseren. So sehr, daß ich sogar auf den Raumanzug verzichten konnte.»

«Das ist doch gut. Sehr gut. Warum hast du Angst?» fragte sein Vater erstaunt.

«Weil alles so groß ist. Unbeschreiblich groß. Man kann bestimmt zehnmal weiter sehen als bei uns. Alle Dinge sind riesenhaft.»

«Der Planet ist eben größer als unserer. Daran wirst du dich bald gewöhnt haben», beruhigte ihn sein Vater. «Hast du die Bewohner des Planeten getroffen?»

«Ja, Großer Ghala», sagte Xmaa traurig. «Aber sie können mir nicht helfen. Ich kann keine Verbindung mit ihnen aufnehmen. Sie antworten nicht.»

«Sie antworten nicht?» fragte sein Vater erstaunt. «Vielleicht ist dein Gedankenverstärker bei der Landung zerstört worden. Vielleicht mußt du zu ihnen mit der Stimme reden wie in den vergangenen Zeiten.»

«Nein, das ist es nicht. Die Bewohner des Planeten sind nicht intelligent, sie können nicht denken. Ich habe mich so gefreut, als ich den ersten Planetenbewohner sah! Ich hatte schreckliche Monster erwartet, glitschige Wesen oder Geschöpfe mit Saugnäpfen wie auf dem zweiten Mond des Saturn. Aber sie gleichen uns so sehr, daß man sie für Landsleute halten könnte, die hierher ausgewandert sind: Sie haben ein anmutiges, schlankes Kopfbruststück, einen schöngemusterten, herrlich dicken Hinterkörper und vier Beinpaare wie wir.

Es gibt nur eine erschreckende Eigenschaft: Sie pressen aus ihrem Hinterkörper dicke, klebrige Seile, an denen sie sich in Täler und Schluchten hinunterlassen können.

Ich habe mehrmals versucht, mit einem von ihnen in Verbindung zu kommen. Aber der Gedankenverstärker bringt einfach nur wirres, weißes Rauschen, keinen einzigen erkennbaren Gedanken. Sie werden nie ein Raumschiff bauen können. Nie!»

«Beruhige dich, Xmaa!» sagte sein Vater. «Erzähle mehr! Sind es die einzigen Lebewesen, die du getroffen hast?»

«Die einzigen, die intelligent aussehen», antwortete Xmaa. «Es gibt da noch eine Sorte von Lebewesen. Aber die sind so groß, so riesig und so gigantisch, daß sie unmöglich intelligent sein können. Sie sind noch größer als die Sauriten bei uns zu Hause. Und das sind ja die Tiere, die von allen Arten am wenigsten intelligent sind.»

«Erzähle trotzdem von ihnen!»

«Sie scheinen ihre Höhlen in riesigen, felsengroßen Bauten zu haben. Wenn sie sich bewegen, dröhnt der Boden unter ihnen, so mächtig sind sie.»

«Höre, Xmaa: Es gibt eine letzte Möglichkeit. Sie erscheint dir unge-

19

heuerlich, aber du mußt es versuchen. Denn ich will dich wiedersehen, Sohn. Wohl ist es so, daß bei uns die Sauriten die Tiere ohne Verstand sind und wir die Herrscher des Planeten. Aber wäre nicht eine Welt denkbar, in der die Sauriten die Herrscher sind und die, die uns gleichen, wie die Tiere? Versuche, mit den Riesen Verbindung aufzunehmen!»

«Mit diesen riesenhaften Wesen?» fragte Xmaa schaudernd. «Du weißt, Großer Ghala, daß ich mich ihnen dazu nähern muß!»

«Du wirst es tun, Xmaa. Es ist unsere letzte Hoffnung, dich wiederzusehen.»

«Ja, Großer Ghala», sagte Xmaa. Die Verbindung war zu Ende.

Herr Bamberger wollte die Zeitung umblättern, hielt aber mitten in der Bewegung verstört inne. Er schaute hinüber zu seiner Frau. Sie war in den anderen Teil der Zeitung vertieft.

«Hast du etwas gesagt?» fragte er unsicher.

«Ich? Nein. Was soll ich denn gesagt haben?» fragte sie erstaunt zurück.

«Ach, nichts», sagte er zerstreut und blätterte die Zeitung um.

Da war sie wieder, die Stimme! Sehr leise zwar, aber doch erkennbar. Er versuchte der Stimme zu lauschen.

«. . . verstehen? . . . mich verstehen?» Die Stimme schien nicht von außen zu kommen, nicht über das Ohr. Es klang, als wenn die Stimme direkt in seinem Kopf entstünde. Unwillig schüttelte er den Kopf und versuchte wieder Zeitung zu lesen.

Aber jetzt war die Stimme noch deutlicher. «Kannst . . . du . . . mich . . . verstehen?» fragte sie. «Kannst du mich verstehen? Antworte!»

«Ich kann dich verstehen», sagte Herr Bamberger verblüfft.

«Wieso?» fragte seine Frau. «Ich habe doch gar nichts gesagt!»

Verwirrt schwieg Herr Bamberger. Langsam bildeten sich kleine Schweißtröpfchen auf seiner Stirn. Er zweifelte an seinem Verstand.

«Du kannst mich verstehen! Du bist intelligent!» jubelte die Stimme in seinem Kopf. «Rede!»

Herr Bamberger schaute unsicher zu seiner Frau hinüber.

«Du darfst nicht mit der Stimme sprechen wie in den vergangenen

Zeiten! Du mußt mit dem Verstand sprechen!» sagte die Stimme in seinem Kopf.

«Wie denn?» dachte Herr Bamberger verzweifelt.

Die Stimme antwortete gleich. «So, wie du eben gefragt hast. Ich kann dich gut hören. Ich grüße dich, Lebewesen! Ich bin Xmaa.»

«Wer bist du? Was ist ‹Xmaa›? Wie kommst du in meinen Kopf?» dachte Herr Bamberger.

«Ich komme von einem Planeten am Rande des Systems. Ich bin nicht in deinem Kopf, aber ich finde mich in deinen Gedanken schon immer besser zurecht. Ich kann sie empfangen», sagte die Stimme.

«Wie kannst du das?» dachte Herr Bamberger entsetzt.

«Mein Gedankenverstärker ist auf dich gerichtet», sagte die Stimme.

«Was ist das?» fragte Herr Bamberger unhörbar.

«Ich sehe in deinen Gedanken, daß ihr den Gedankenverstärker noch nicht entdeckt habt. Seit zehn Lebensaltern kennen wir das Geheimnis der Energie. Und mit der Energie kennen wir den Gedankenverstärker, der die Gedanken weitergibt und holt. – Ich bin hier gelandet mit etwas, das ihr ‹Raumschiff› nennen würdet. Ich sehe in deinen Gedanken, daß ihr zu dem Himmelskörper fliegen könnt, der euren Planeten umkreist. Aber ihr könnt nicht weiter. Ihr kennt nicht das Geheimnis der Energie.»

«Was ist das?» fragte Herr Bamberger in seinem Kopf. «Was für eine Energie?»

«Ich werde es dir erklären. Du kannst dann – wie wir – bis ans Ende des Systems fliegen. Schneller als Licht. Aber erst will ich dir die Botschaft meines Volkes überbringen. Du mußt wissen, in meiner Heimat bin ich . . .» Die Stimme schien in Herrn Bambergers Gedächtnis nach einem passenden Wort zu suchen. «. . . bin ich, was ihr einen ‹Prinzen› nennen würdet. Ich bin der Sohn des Großen Ghala, des Verehrungswürdigen. Erlaubst du, daß ich nähertrete, denn die Kraft des Gedankenverstärkers läßt nach.»

«Natürlich», sagte Herr Bamberger unhörbar. «Welche Botschaft willst du uns Menschen überbringen?»

«Die Botschaft ist von meinem Vater, dem Großen Ghala. Sie betrifft die Zukunft eures Planeten, der Erde», antwortete die Stimme. Sie war jetzt lauter geworden. So dröhnend laut, daß Herr Bamberger

meinte, seine Frau müßte sie unbedingt hören. Er sah zu ihr hinüber. Sie bemerkte seinen prüfenden Blick und schaute lächelnd von ihrer Zeitung auf.
Im gleichen Augenblick sprang sie aus dem Sessel hoch. «Iiii – eine Spinne!» schrie sie, die Augen angstvoll aufgerissen.
Herr Bamberger machte zwei eilige Schritte. Die Spinne bemerkte zu spät die Gefahr. Sie drehte sich um und versuchte sich gerade unter den Teppich zu retten, als er sie mit einem klatschenden Schlag mit der zusammengefalteten Zeitung zerquetschte. Angeekelt ging er zum offenen Fenster hinüber und streifte die Überreste der Spinne draußen am Fensterbrett von der Zeitung.
«Komisch!» sagte er.
«Was ist komisch?» fragte seine Frau.
«Die Spinne! Eine ganz neue Art. Sie hat hellblaue Beine. Willst du sie mal sehen?»
«Um Gottes willen, nein! Bitte, mach das Fenster zu!»
Herr Bamberger schloß das Fenster, setzte sich wieder in seinen Sessel und wartete auf die Stimme.
«Wie heißt die Botschaft?» fragte er unhörbar. «Welches Geheimnis willst du mir sagen?» Er wartete. «Was ist das für eine Botschaft, Xmaa? Antworte doch!»
Aber die Stimme antwortete nicht.

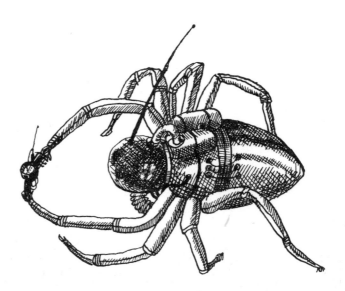

»Ich glaube, ich werde in Zukunft keine Spinne mehr zertreten können», sagt Elfi, als Onkel Florian fertig erzählt hat.

«Und ich glaube, wir sollten jetzt das Märchen erzählen», sagt Paul ungerührt, als Elfi ausgeredet hat.

«Muß das sein?» fragt Elfi. «Ich bin schon viel zu alt für Märchen. Außerdem kennt Paul sowieso alle Märchen, die es gibt. Er wird sich nur langweilen.»

«Wenn wir eine Geschichte von jeder Sorte erzählen wollen, muß auch ein Märchen dabei sein», entscheidet Onkel Florian. «Ich werde ein neues erfinden. Es braucht ja nicht so ganz ernst gemeint zu sein.»

«Ich sag dir, wie es gehen soll», sagt Paul begeistert.

«Auch das noch!» stöhnt Elfi.

Aber Paul läßt sich nicht stören. «Am besten sind die, wo ein Vater drei Söhne hat und jeder soll eine Aufgabe erfüllen. Aber alle schaffen es nicht, nur der Jüngste schafft es und kommt mit dem ganzen Gold nach Hause.»

«Das willst du ja nur immer hören, weil *du* der Jüngste in der Familie bist», sagt Elfi sauer.

«Na klar!» sagt Paul, und Onkel Florian erfindet, bevor er wieder starten muß, noch ganz schnell:

Das Märchen vom roten Licht

Es war einmal ein Vater, der hatte vier Söhne.

Der älteste war klug, stark und schön, der zweitälteste war stark und schön, der drittälteste war schön und der vierte war überhaupt nichts.

Sie lebten zusammen in einem kleinen Haus, ganz tief im Wald, weit entfernt von jedem Dorf und jeder Stadt. Da die Mutter schon lange tot war, führten die vier Söhne den Haushalt, während der Vater Holz fällte oder den Acker auf der Waldlichtung pflügte.

Der älteste konnte Wäsche waschen, bügeln und das Vieh versorgen. Der zweitälteste konnte kochen und die Wohnung sauberhalten, der drittälteste konnte backen, und der vierte konnte überhaupt nichts. Deswegen wurde er von allen der «Dummling» genannt.

Eines Abends, als der Wind um das kleine Haus tobte, versammelte der Vater alle seine Söhne um sich und sprach:

«Hier im Wald gibt es ein Geheimnis. Davon will ich euch erzählen.»

«Das ist schön», sagte Maximilian, der älteste.

«Ist schön», sagte Milian, der zweitälteste.

«Schön», sagte Max, der drittälteste.

Der Dummling sagte überhaupt nichts.

«Es handelt sich», sagte der Vater so leise, daß alle vier den Kopf weit vorstrecken mußten, um ihn zu verstehen, «es handelt sich um drei geheimnisvolle Lichter.»

«Erzähl uns davon!» sagte Maximilian.

«Erzähl uns!» sagte Milian.

«Erzähl!» sagte Max.

Der Dummling sagte überhaupt nichts.

«Ganz hinten, am Ende des Waldes, sehe ich manchmal am frühen Abend drei bunte, geheimnisvolle Lichter», fuhr der Vater fort. «Sie leuchten durch die Zweige der Bäume. So hoch, daß sie in der Luft schweben müssen. Es geht manchmal ein drohendes Brummen und Dröhnen von ihnen aus.»

«Was sind das für Lichter?» fragte der Dummling, und alle schauten ihn überrascht an, weil er einen so langen Satz gesprochen hatte.

«Ich weiß es nicht», antwortete der Vater. «Mir scheint, daß eine Hexe

oder ein böser Geist diese drei Lichter im Wald aufgestellt hat, um arglose Wanderer anzulocken, die sich verirrt haben. Darum habe ich mich stets gehütet, den Lichtern nahe zu kommen.»
«Das war richtig», sagte Maximilian.
«War richtig», sagte Milian.
«Richtig», sagte Max.
Der Dummling sagte überhaupt nichts. So fügte der Vater hinzu: «Und doch würde ich vor meinem Tod noch gar zu gern erfahren, was die drei Lichter bedeuten.»
«Ich werde das Geheimnis erforschen», sagte Maximilian mutig.
«Nein, ich!» sagte Milian.
«Ich!» sagte Max.
Der Dummling sagte überhaupt nichts.

«Nun, wenn ihr mutig genug seid, das Geheimnis zu ergründen, so will ich euch nichts in den Weg legen», sagte der Vater. «Morgen abend soll Maximilian durch den Wald gehen, bis ans Ende, und soll herausfinden, was die Lichter bedeuten.»

Am nächsten Abend, zu der Zeit, zu der die Lichter immer zu sehen waren, zog Maximilian los.

Der Vater drückte ihm noch einmal fest die Hand und sagte: «Drei Regeln will ich dir mit auf deinen Weg geben, die du beachten sollst. Nimm dich in acht vor Gruben und Gräben, schlaf im Wald nicht ein, und sprich nie mit Fremden!»

«Das werde ich tun», sagte Maximilian und machte sich auf den Weg.

Der Vater und die drei zurückgebliebenen Söhne saßen am Kamin, blickten ins Feuer und warteten. Als sie drei Stunden so gesessen hatten, sprang plötzlich die Tür auf, und Maximilian taumelte in die Stube.

Er war blaß und erschöpft und erzählte mit zitternder Stimme:

«Ich bin lange Zeit gewandert, immer in die Richtung, die mir Vater gewiesen hat. Neben dem Weg war ein tiefer Graben. Aber ich bin ihm nicht zu nahe gekommen. Meine Müdigkeit wurde immer größer. Aber ich habe zu den Sternen aufgeschaut und bin nicht eingeschlafen – und plötzlich sah ich das Licht: Es leuchtete gelb durch die Bäume.»

«Und dann? Was war mit dem Licht? Wer hat es angezündet?» fragten der Vater und die Brüder aufgeregt durcheinander.

«Ich weiß es nicht», sagte Maximilian enttäuscht. «Plötzlich war das Licht verschwunden – wie von Geisterhand ausgelöscht. Obwohl ich fast eine Stunde gewartet habe, ist es nicht wiedergekommen. So bin ich schnell nach Hause gelaufen, um vor Mitternacht wieder hier zu sein. Ich bin ganz außer Atem und erschöpft.»

«Morgen wird Milian sein Glück versuchen», sagte der Vater. Dann gingen alle ins Bett.

Am nächsten Abend ermahnte der Vater Milian noch einmal, sich vor Gruben und Gräben in acht zu nehmen, nicht zu schlafen und nicht mit Fremden zu sprechen. Dann drückte er ihm die Hand und schickte ihn los.

Drei Stunden dauerte es, dann kam auch Milian wieder zurück. Erschöpft und mutlos.

«Mir ist es ergangen wie Maximilian», erzählte er. «Nur daß ich ein grünes Licht sah, nicht ein gelbes. Aber als ich es aus der Nähe betrachten wollte, war es plötzlich verschwunden. Ich mußte unverrichteter Dinge nach Hause zurückkehren.»

«Dann soll morgen Max sein Glück versuchen», entschied der Vater. Darauf gingen alle ins Bett.

Aber auch Max erging es nicht anders als seinen Brüdern. Er sah ein rotes Licht – aber als er es betrachten wollte, war es verschwunden, und er konnte nichts anderes tun, als wieder nach Hause zurückzukehren.

«Also werden wir das Geheimnis der bunten Lichter nie erfahren», sagte der Vater traurig, und die drei älteren Brüder nickten.

«Vater, warum darf ich es nicht versuchen?» fragte da der Dummling. Die drei älteren Brüder lachten. Aber der Vater sagte: «Warum soll er nicht auch sein Glück versuchen? Schlechter als ihr kann er es auch nicht machen.»

Und am nächsten Abend ermahnte er den Dummling erst noch einmal, sich vor Gräben und Gruben in acht zu nehmen, im Wald nicht einzuschlafen und mit keinem Fremden zu sprechen. Dann schickte er ihn auf den Weg.

Dummling wanderte eine ganze Weile, bis auch er zwischen den Zweigen plötzlich ein rotes Licht sah. Er starrte so angestrengt auf das Licht, daß er nicht auf seinen Weg achtete. Und ehe er sich's versah, war er in den Graben gefallen.

«Auch gut», sagte Dummling. «Da kann ich gleich liegenbleiben und ein wenig schlafen. Das Wandern hat mich müde gemacht.» Und schon war er eingeschlafen.

Er erwachte, als die Sonne aufging und die Vögel anfingen zu singen. Er kletterte aus dem Graben, schaute in die Richtung, in der er am Abend vorher das rote Licht gesehen hatte, und wirklich war da auch ein Licht zu sehen. Nur leuchtete es jetzt grün. Während er noch auf das grüne Licht starrte, erlosch es, und ein gelbes Licht leuchtete auf. Eifrig rannte er darauf zu. Das gelbe Licht verwandelte sich in ein rotes, und das Dröhnen, von dem sein Vater gesprochen hatte, war jetzt ganz deutlich zu hören. Es kam aus einem seltsamen Fahrzeug. Es war weiß und sah ganz anders aus als der Ochsenkarren, den sie zu

Hause im Wald hatten. Vorsichtig ging er darauf zu. Es hatte ein richtiges Dach, und in seinem Innern hatte es Sitze. Auf einem dieser Sitze saß ein Fremder.

«Guten Tag», sagte Dummling und zog höflich seinen Hut.

«Tag», antwortete der Fremde.

«Was ist das?» fragte Dummling und deutete auf das Fahrzeug.

«Das? Ein Auto natürlich!» sagte der Fremde und lachte. «Hast du noch nie eines gesehen?»

Dummling schüttelte den Kopf. «Was macht man damit?» fragte er.

«Man fährt!» sagte der Fremde.

«Aber es fährt doch gar nicht. Es steht. Warum?» fragte Dummling.

Der Fremde erklärte es ihm. Dann fuhr er weiter.

Als Dummling nach Hause kam, saßen der Vater und die Brüder noch immer am Kamin. Das Feuer war erloschen, und alle waren auf ihren Stühlen eingeschlafen.

«Hallo!» sagte Dummling so laut, daß die vier aus dem Schlaf hochfuhren.

«Du kommst sehr spät», sagte der Vater.

«Du kommst spät», sagte Maximilian.

«Kommst spät», sagte Milian.

«Spät!» sagte Max.

«Aber ich kann euch erklären, was die Lichter am Ende des Waldes bedeuten!» sagte Dummling stolz.

«Du kannst es erklären?» fragte der Vater erstaunt.

«Kannst es erklären?» fragte Maximilian.

«Es erklären?» fragte Milian.

«Erklären?» fragte Max.

«Ja», sagte Dummling. «Die drei Lichter sind an einer hohen, eisernen Stange festgemacht. Sie nennen das ‹Ampel›. Immer wenn das grüne Licht leuchtet, dürfen die Autos fahren. Das sind Wagen, die allein fahren. Die gibt es draußen, außerhalb des Waldes. Und wenn rotes Licht ist, müssen sie stehenbleiben, und der Motor dröhnt.»

«Und was bedeutet Gelb?» fragte der Vater mit vor Aufregung zitternder Stimme.

«Gelb bedeutet: Achtung!» erklärte Dummling, und der Vater nickte begreifend.

«Und warum habe ich nie die Lichter aus der Nähe sehen können?» fragte Maximilian.

«Und ich nicht?» fragte Milian.

«Und ich?» fragte Max.

«Abends um zehn schalten sie die Ampel aus. Da kommen kaum noch Autos vorbei», erklärte Dummling. «Und morgens gibt es etwas, das nennen sie ‹Berufsverkehr›. Da schalten sie die Ampel wieder ein. Und weil gerade Rot war, hat auch der Mann im Auto warten müssen, der mir das alles erklärt hat.»

«Das ist ganz großartig», sagte Maximilian.

«Ist ganz großartig», sagte Milian.

«Großartig!» sagte Max.

Der Vater nickte heftig und sagte: «Ab heute sollst du nicht mehr Dummling heißen, denn du hast das Geheimnis der drei Lichter endlich gelöst. Von nun an heißt du Minimilian.»

Und dabei blieb es.

Bilder-
geschichten

Elfi und Paul sitzen im Hof auf einer leeren Kiste, lassen die Beine baumeln und schauen vor sich hin. Nach einer Weile meint Elfi: «Mir ist's so richtig langweilig!»
«Mir ist's so richtig *stark* langweilig», sagt Paul.
«Und mir ist's sogar *arg stark* langweilig», trumpft Elfi auf.

«Und mir ist's *ganz arg stark* langweilig!» übertrifft sie Paul.
«Immer willst du der Bessere sein! Dabei war's mir zuerst langweilig», beschwert sich Elfi.
«Stimmt gar nicht. Mir ist's schon ganz lange langweilig.»
«Und mir ist's noch länger langweilig. Richtig längerweilig ist's mir!»
«Na gut, dann ist's mir eben längstweilig. Und länger als längstweilig kann es einem gar nicht langweilig sein.»
«Immer willst du gewinnen», sagt Elfi sauer. «Du bist wirklich langweilig!»
«Was sagst du? Das nimmst du zurück!»
«Du bist der stärkste Langweiler, der mich je gelangweilt hat!»
«Nimmst du das zurück!» sagt Paul drohend.
«Ich weiß gar nicht, was du hast», sagt Elfi. «Eben willst du noch der stärkste und längste Langweiler sein – und jetzt bist du beleidigt!»
«Ja, weil ich kein Langweiler bin! Mir ist's nur langweilig.»
«So? – Wenn einer raucht, was ist er dann?»
«Ein Raucher?»
«Klar! Und wenn einer immer spielt, was ist er dann?»
«Ein Spieler!»
«Sehr gut! Und wenn sich einer immer langweilt, was ist er dann?»
«Ein Langwei... Ha, du kannst mich nicht reinlegen! Ich bin kein Langweiler!»
«Doch, das bist du!»
«Nein!»
«Doch, doch, doch!»
«Nein, nein, nein!»

In diesem Augenblick landet Onkel Florian mit seinem Flohmarkt-
Flugzeug, hört einen Augenblick erstaunt zu und meint dann: «Düsen-
knall und Raketendonner! Mir scheint, da streiten zwei Gelangweilte
aus lauter Langeweile einen langweiligen Streit über die Langeweile.
Da kann man aber wirklich etwas Besseres tun!»
«Was denn?» fragt Elfi. «Erzählst du wieder eine Geschichte?»
«Ein Märchen, ja?» sagt Paul.
«Heute habe ich es zu eilig», sagt Onkel Florian und startet schon
wieder. «Keine Zeit! Aber ihr könnt euch ja zusammen die Bildergeschichten hier angucken!»
Damit wirft er einen Stapel Bildergeschichten aus dem Flugzeug,
winkt noch einmal, zieht zwei Schleifen um das Haus und ist schon in
den Wolken verschwunden.

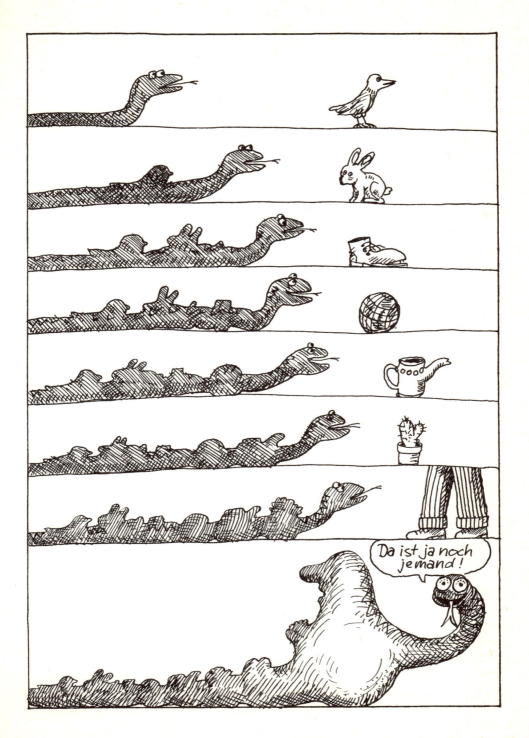

Die traurige Geschichte vom Tier ohne Namen und vom kleinen Vogel

Nach dem Spiel...

"LEUTE, GEGEN DEN ERSTEN FC BAYERN 26:0 ZU VERLIEREN IST DOCH KEINE SCHANDE!! JETZT STELLT EUCH MAL SCHÖN AUF, DANN MACHEN WIR EIN MANNSCHAFTSFOTO FÜRS TAGBLATT!"

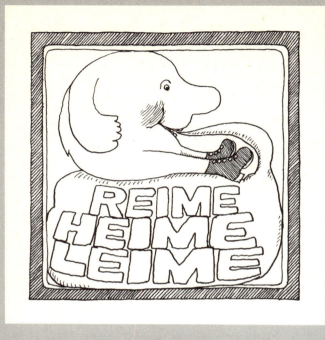

Gedichte, Wort- und Buchstaben- spiele

«Erzählen wir Geschichten?» fragt Elfi.
«Geschichten?
Mitnichten!
Wir dichten», antwortet Onkel Florian. Und damit hat er ja auch schon damit angefangen.
«Sehr gut, wir machen Gedichte», sagt Paul. «Darf ich euch gleich eines vorstellen, das ich mir gestern während des Zähneputzens ausgedacht habe?»
«Ist es lang oder kurz?» fragt Elfi vorsichtig.
«Der Titel ist fast länger als das Gedicht», beruhigt sie Paul. Hier ist es:

Weinbergschneckentränengedicht

Die Weinbergschnecken
im Weinberg
weinen Berge
von
Weinbergschneckenträcken.

«Sehr schön», sagt Onkel Florian.
«Aber sehr traurig», sagt Elfi. «Und wer macht jetzt weiter? Ich?»
«Nein, ich!» sagt Paul.
«Warum nicht ich?» fragt Onkel Florian.
«Wir können ja abzählen», schlägt Elfi vor.
«Wie?» fragt Paul.

«So!» sagt Elfi und erfindet schnell ein paar Abzählreime:

>Icksmax,
>Knicksknax,
>Micksmax!
>Spiegeleier,
>Vogeldreck,
>Herr Minister,
>du bist weg!

Und da bei «weg» ihr Finger auf Onkel Florians Bauch weist, ist Onkel Florian an der Reihe. Er schlägt vor: «Dann erfinden wir zuerst Abzählverse!»
Nach einer Stunde gemeinsamer Arbeit haben sie einige auf dem Zettel stehen:

Abzählverse

>1.
>Vier, drei, zwei, eins –
>drei fahr'n nach Mainz.
>Eins, zwei, drei, vier –
>und du bleibst hier!

2.
Anne,
Pfanne,
Badewanne.
Erdbeerkuchen –
du mußt suchen!

3.
In der Fa- Fa- Fa- Falle
sitzt die Ma- Ma- Ma- Maus.
Sie bleibt dri- dri- dri- drinnen,
du darfst ra- ra- ra- raus!

4.
In der alten Felsenhöhle
mixt die Hexe mit Gegröle
sieben schlimme Hexen-Öle:
Rabenschnäbel,
Räubersäbel,
Hungersteine,
Krötenbeine,
Drachenblut und
Rattenspeck –
du mußt's trinken,
du bist weg!

5.
Frauenschwimmer –
Rückenzimmer,
Gartentauben –
Friedenslauben,
Bohnenschlangen –
Brillenstangen,
den ich rufe,
der muß fangen!

6.
Matschen,
knatschen,
wasserpatschen.
Klebe,
Knete,
Schlamm und Dreck.
Händewaschen –
du bist weg!

«Reime Abzählschöne!» sagt Paul begeistert, als sie zusammen das Blatt noch einmal durchgelesen haben.

«Wie bitte?» fragt Elfi und lacht.

«Ihr wißt genau, was ich sagen wollte», sagt Paul ärgerlich. «Ich habe mich halt versprochen. Es sollte heißen: Schöne Abzählreime.»

Das bringt Onkel Florian auf eine Idee.

«Reime Abzählschöne! Schönzählabe!» lacht Elfi. Und während sie noch lacht, ist Onkel Florian schon das Gedicht mit der hahnenden Krähe eingefallen.

Die hahnende Krähe

Auf einem Baum
bei uns in der Nähe
wohnt eine alte,
sprechende Krähe.

Mit dieser Krähe,
mit dieser alten,
kann man sich manchmal
gut unterhalten.

Vorgestern nachmittag
– so gegen vier –
sagte die sprechende
Krähe zu mir:

«Es ist nicht richtig
und wirklich nicht fein,
daß Hähne krähen.
Das seh ich nicht ein.

Die Krähe soll krähen!
Sonst dauert's nicht lange,
bis ich auf einmal
zu hahnen anfange!»

Wenn Krähen erst hahnen
und Hähne krähen,
dann wird wahrscheinlich
bald dieses geschehen:

Erst taubt ein Gurr,
dann katert ein Schnurr,
drauf bient der Summ,
es hummelt der Brumm,
es sonnt der Schein,
es kindet der Wein.
Der Grunz, der schweint,
der Rausch, der rheint,
der Bell, der hundet,
der Lach, der mundet.
Der Rauch kann schloten,
der Back kann broten,
eine Reife kann beeren,
eine Schneide kann scheren,
ein Brenn kann lichten
und dies End kann gedichten.

Und weil Onkel Florian gerade so schön beim Reimen ist, darf er auch
gleich weitermachen.
«Jetzt kommen einige Spezial-Gedichte», kündigt er an. «Sie reimen
sich, aber keiner merkt es.»
«Das gibt es nicht», behauptet Paul.
«Wenn sie sich reimen, dann merkt man es. Oder sie reimen sich eben
nicht», sagt Elfi.
«So? Meint ihr?» fragt Onkel Florian gut gelaunt. «Wir können es ja
gleich ausprobieren.»

59

Und hier ist **Gedicht Nr. 1,
das sich (scheinbar) nicht reimt**

Auf dem Tisch
ist ein Fleck.
Er ist rund
und gelb.
(Wahrscheinlich Tee.)

«Na?» fragt Onkel Florian.
Paul und Elfi lesen das Gedicht, sagen es laut auf und meinen schließlich: «Ein nettes, kleines Gedichtchen. Es klingt ein bißchen japanisch. Aber es reimt sich nicht.»
«Gedichte müssen sich ja auch nicht immer reimen», fügt Paul tröstend hinzu. «Manche, die sich nicht reimen, sind viel schöner.»
«Trotzdem reimt es sich aber», behauptet Onkel Florian.
Die beiden lesen es noch einmal und schütteln den Kopf.
«Es kommt eben darauf an, *wie* man ein Gedicht liest», sagt Onkel Florian lachend und liest es anders vor:

Auf dem Te, I, Es, Ce, Ha
ist ein Ef, El, E, Ce, Ka.
Er ist Er, U, En, De
und Ge, E, El, Be.
(Wahrscheinlich Tee.)

«Ja, wenn du die letzten Wörter immer buchstabierst!» sagen die beiden. «Dann reimt es sich natürlich. Kennst du noch so ein Gedicht?»
«Na klar!» sagt Onkel Florian.

Und hier ist **Gedicht Nr. 2,
das sich (scheinbar) nicht reimt**

Eine steinalte Ameise und eine Kuh
(eine sehr alte)
haben die wohl immer die gleichen
Lebensansichten?

«Na?» fragt Onkel Florian.
Paul meint: «Es klingt sehr tiefsinnig. Aber reimen tut es sich nicht.»
«Warte doch mal, warte doch mal!» ruft Elfi. «Ich versuch's mal:
Eine steinalte Ameise und eine Ka, U, Ha
eine sehr A, El, Te, E . . .
Nein, so reimt sich's auch nicht. Du willst uns nur reinlegen, es reimt sich gar nicht!»
«Ich habe euch doch gesagt, daß es nur darauf ankommt, *wie* man ein Gedicht liest», lacht Onkel Florian. «Versucht's noch mal, es reimt sich!»
«Es reimt sich nicht», sagen die beiden.
«Wirklich nicht?» fragt Onkel Florian. «Dann hört zu. Man muß allerdings die Satzzeichen mitlesen.»

>Eine steinalte Ameise und eine Kuh
>*Klammer auf* eine sehr alte *Klammer zu*
>haben die wohl immer die gleichen
>Lebensansichten *Fragezeichen*.

«Ja, so reimt es sich natürlich», sagen Paul und Elfi lachend. «Aber wenn du jetzt ein drittes Gedicht machst, bekommen wir ganz bestimmt heraus, wie es sich reimt!»
«Also gut», sagt Onkel Florian.

Und hier ist **Gedicht Nr. 3,**
das sich (scheinbar) nicht reimt

Ein alter Wetterkundler sprach:
«Wenn man im Sommer in der Achterbahn
um eine Kurve braust,
dann trägt man meistens keine Fausthandschuhe
mehr, und auch den Schistock
braucht man selten oder nie.»

«Na?» fragt Onkel Florian.
Die beiden versuchen es erst mit Buchstabieren, dann lesen sie die
Satzzeichen mit – aber reimen will es sich einfach nicht.
Schließlich meint Elfi: «Was der alte Wetterkundler sagt, das stimmt
zwar . . .»
«Wo er recht hat, hat er recht!» wirft Paul ein.
«. . . aber reimen tut es sich nicht!» beendet Elfi ihren angefangenen
Satz.
«Doch, doch!» sagt Onkel Florian. «Allerdings ist ein kleiner Trick
dabei. Man muß ein paar lange Wörter einfach ein bißchen trennen.»

Gedicht Nr. 3,
aber gereimt

Ein alter Wetterkundler sprach:
«Wenn man im Sommer mit der Achterbahn um eine Kurve braust,
dann trägt man meistens keine Fausthandschuhe mehr, und auch den Schistock braucht man selten oder nie.»

«Wieder hast du uns reingelegt!» lachen Elfi und Paul. «Jetzt noch ein
letztes, ja? Und wir versuchen herauszufinden, wie man es lesen muß.»
«Na, meinetwegen», sagt Onkel Florian. «Damit ihr es ein wenig
leichter habt, verrate ich euch, daß in diesem Gedicht alle Tricks

vorkommen, die ihr bis jetzt kennengelernt habt: Buchstabieren, Satzzeichen-Lesen und Wörter-Trennen.»

Und hier kommt **Gedicht Nr. 4,
das sich (scheinbar) nicht reimt**

Eine uralte Unke unkt
im dunklen Zimmer:
Entweder täuscht mein Auge mich
zum erstenmal –
oder man kann nicht umhin,
im Zimmer hier von einer Finsternis
zu reden. Denn ich seh
nichts als nur Nacht!

«Na?» fragt Onkel Florian. Die beiden stecken die Köpfe zusammen, und nach einer Weile sagen sie das Gedicht (ganz stolz) so auf, daß es sich reimt.

Eine uralte Unke unkt
im dunklen Zimmer *Doppelpunkt*
Entweder täuscht mein Auge mich
zum erstenmal *Gedankenstrich*
oder man kann nicht umhin,
im Zimmer hier von einer Finsternis zu reden. Denn ich seh
nichts als nur En, A, Ce, Ha, Te!

«Gut, nicht wahr?» fragt Paul.
«Und was machen wir jetzt?» fragt Elfi. «Noch ein Gedicht?»
«Ja, aber so eines wie mein Weinbergschneckenträngedicht. Eines, das sich nicht unbedingt reimen muß», schlägt Paul vor. «Mir fällt nur keines so schnell ein.»
«Wir sollten einfach mal anfangen und Sprichwörter und Redensarten sammeln», meint Onkel Florian. «Damit kann man meistens eine ganze Menge anfangen. Es gibt zum Beispiel so Redewendungen, wo immer zwei Wörter zusammengehören. Wie ‹Mann und Maus› oder ‹Kind und Kegel›. Kennt ihr auch welche?»

«Haus und Hof», sagt Paul. «Kreuz und quer.»
«Hin und her», sagt Elfi. «Kraut und Rüben.»
«Wir sollten sie sammeln und auf einen Zettel schreiben», sagt Paul.
Und die drei schreiben abwechselnd:

Von Kopf bis Fuß,
vom Scheitel bis zur Sohle,
von A bis Z.

Durch Mark und Bein,
durch dick und dünn,
durch und durch.

Mit Stumpf und Stiel,
mit Leib und Seele,
mit Haut und Haar.

Im großen und ganzen:
In Reih und Glied.

Als sie lesen, was sie da aufgeschrieben haben, sagt Elfi: «Da braucht
man gar nichts mehr zu machen, das ist schon ein Gedicht.»
«Ein Gedicht ist es gerade nicht. Aber es klingt ganz gut», meint auch
Paul.
«Dann sagen wir einfach, wir haben einen ‹Text› gemacht», entschei-
det Onkel Florian. «Wir werden eben jetzt einfach Texte machen!»
Und so beginnen die drei mit Redewendungen zu spielen und sie so
lange herumzuschieben, bis etwas Neues dabei herauskommt:

Außer Rand & Band

Alle, außer Kind und Kegel,
alle, außer Stadt und Land,
alle, außer Bausch und Bogen,
alle außer Rand und Band!

Aus dem Häuschen

Er ist
aus dem Ländchen,
aus dem Städtchen,
aus dem Häuschen,
außer sich.

Drunter
——— und ———
Drüber

Nr. 1
Drunter und Rüben,
kreuz und drüber,
Rand und quer,
außer Kraut und Band.

Nr. 2
Jemanden
ins Päckchen jagen,
jemandem
ein Schnippchen tragen,
jeder hat
sein Bockshorn zu schlagen.

Nr. 3
Mann und Braus,
Saus und Maus,
und
eine Krähe
hackt der anderen
ein Auge aus.

Nr. 4
Mann und Saus
und Braus und Maus
schütten
Kind und Kegel
mit dem Bade aus.

Unter
Über

Unterhaupt
und unterzählig,
Überhaltung,
Unterfluß,
unterschüssig,
unterdrüssig –
man verliert die Untersicht
hier bei diesem Überricht!

Ein Kompliment

Ich bin deiner
unterdrüssig,
du erscheinst mir
unterflüssig!

Umgang

Ein Geist geht um,
ein Geist geht um,
geht um
den heißen Brei herum.

Ein Fest

Kraut und Rüben
in Hülle und Fülle,
Kind und Kegel
mit Haut und Haar,
Mann und Maus
mit Hand und Fuß,
Pauken und Trompeten
durch Mark und Bein.

**Das gleiche Fest,
fünf Stunden später**

Freund und Feind
sind an Ort und Stelle
im großen und ganzen
von Kopf bis Fuß
außer Rand und Band.

Und was sagt Onkel Florian, nachdem sie das Ganze noch einmal durchgelesen haben?

Das geht
Mark Twain
durch Mark
und Bain!

«Wenn wir nicht weiterwissen, könnten wir ja ganze Sprichwörter verdrehen», meint Elfi.
«Wie geht das?» fragt Onkel Florian.
«Man nehme zwei Sprichwörter, schüttle sie kräftig und schaue nach, was dabei herauskommt!» sagt Elfi.
«Zum Beispiel: Bei Nacht sind alle Katzen grau», sagt Paul.
«Und: Wie man in den Wald ruft, so schallt es zurück», fügt Onkel Florian hinzu. Und schon fangen sie an zu schütteln:

In der Nacht sind alle grauen Katzen im Wald.
Im Wald rufen alle grauen Katzen schallend.
Wenn man in den Wald ruft, sind alle Katzen grau.
In der Nacht schallt es grau zurück.
Wenn man in der Nacht schallend in den Wald ruft,
grauen sich alle Katzen.

67

Darauf schütteln sie noch ein paar Sprichwörter und schreiben auf, was dabei herauskommt.

«Wer Lust hat, kann ja versuchen, die richtigen Sprichwörter wieder zurechtzuschütteln», sagen sie.

Eine Hand kommt selten allein.
Eine Krähe wäscht die andere.
Jeder geht so lange zum Brunnen, bis er bricht.
Der Krug ist seines Glückes Schmied.
Früh übt sich Morgenstund.
Wer andern eine Grube gräbt, dem bleiben die Füße unbe-
deckt.
Was ein Meister werden will, fällt selbst hinein.
Wer sich nicht nach der Decke streckt, hackt
dem andern kein Auge aus.
Ein Unglück hat Gold im Mund.

Nach einer Weile haben sie genug davon und spielen ein Buchstaben-spiel. Es geht so: Jeder schreibt alle Buchstaben des Alphabets auf einen Zettel:

ABCDEFGHIJKLMNOPQRSTUVWXYZÄÖÜ

Nun muß er versuchen, aus diesen Buchstaben Wörter zu bilden. Dabei darf aber jeder Buchstabe, der in einem Wort verwendet wurde, im nächsten Wort nicht mehr vorkommen. Er muß gestrichen werden. (Nur in dem Wort, in dem er zum erstenmal vorkommt, darf er öfter gebraucht werden.)

Ein Beispiel:

A B C D E F G H I J K L M N O P Q R S T U V W X Y Z Ä Ö Ü

Zuerst schreibt Paul: AFFE und streicht A E F.
Dann schreibt er: BÄR   und streicht B Ä R.
Jetzt schreibt er: POL   und streicht P O L.

Nun muß er schon ein wenig nachdenken, bis er auf SCHUH kommt. (Dabei streicht er S C H U.)

Dann muß Paul schon sehr lange grübeln, bis er aus den übriggebliebenen Buchstaben KÖNIG gemacht hat. Er streicht auch diese Buchstaben aus dem Alphabet. Jetzt bleiben nur noch die Buchstaben übrig: D J M Q V W X Y Z Ü. Und aus denen kann er kein Wort mehr bilden. Er hat also fünf Wörter gefunden: AFFE, BÄR, POL, SCHUH und KÖNIG, das ist schon ganz gut. Mehr als sieben Wörter hat von den dreien noch keiner geschafft, obwohl sie das Spiel oft spielen.

So sieht Elfis Blatt aus.

A̶ B̶ C D̶ E̶ F̶ G̶ H̶ I̶ J̶ K̶ L̶ M N̶ O̶ P̶ Q R̶ S̶ T̶ U̶ V̶ W̶ X Y Z̶ Ä̶ Ö̶ Ü̶

Sie hat geschrieben:

BÄR , ZIMT, VÖGEL, DOOF, JUPP, KÜHN, WAS.

Und sie ist sehr stolz, weil sie es auf sieben Wörter gebracht hat.

«Was ist denn ein WAS?» fragt Paul. «Das Wort gibt's doch gar nicht!»

«Womit hast du deinen Satz eben angefangen?» fragt Elfi zurück.

«Mit ‹Was›», sagt Paul.

«Ich denke, ein ‹Was› gibt es nicht?» sagt Elfi, und Paul lacht, weil er das Wort nicht wiedererkannt hat, nur weil es aus lauter Großbuchstaben geschrieben war. Dann sehen sie nach, wieviel Wörter Onkel Florian hat. Es sind zwar nur sechs, aber sie müssen lachen, als sie da lesen:

A̶ B̶ C D E̶ F̶ G̶ H̶ I̶ J̶ K̶ L̶ M N̶ O̶ P̶ Q R̶ S̶ T̶ U̶ V W X̶ Y Z Ä Ö Ü̶

MAX GEHT FÜR JUPP INS KLO

Und bevor sie für diesen Tag endgültig Schluß machen, zeichnet Onkel Florian für die beiden noch ein Gedicht.

DAS HAAR
BEDECKT
DEN KOPF
VON DIESEM
DICKEN
TROPF.
DER
HALS
IST
SCHMAL.
(DAS IST NORMAL.)
JETZT WIRD ES BREITER,
DENN NUN GEHT'S WEITER.
MIT EINEM ARM AN JEDER SEITE. ERST KOMMT DER EINE, DANN DER ZWEITE!
NUN IST NICHT SCHLUSS -
ES MUSS VIELMEHR
DIE BRUST
VON DIESEM MANN HIERHER.
DER BAUCH
IST MÄCHTIG, WIE MAN SIEHT.
(EIN GÜRTEL IHN
ZUSAMMENZIEHT.)
NOCH FEHLT DIE HOSE,
WILL MIR SCHEINEN.
SIE ENDET MIT ZWEI

HOSENBEINEN.   HOSENBEINEN.

Paul, dem Weinbergschneckenfachmann, fällt dabei auch noch ein Schneckengedicht ein. Und weil Onkel Florian seines gezeichnet und nicht nur geschrieben hat, macht er es ebenso:

SCHAUT DIE KLEINE ECKE! VORNE SCHNECKE KURVEN, DOCH KEINE VON EINER SCHNECKE GIBT'S VIELE IM SCHNECKENHAUS SCHNECKENHAUS AUS DEM SCHNECKENHAUS SCHNECKE RAUS

Kopfstehbilder, Geschnörkel und anderes

«Heute ...» sagt Onkel Florian und schleppt einen riesigen Koffer aus dem Flugzeug, «... heute habe ich euch ein paar kleine Zeichnungen mitgebracht.»
«Wozu dann der Riesenkoffer?» fragt Elfi.
«Die Verpackung soll eben zum Inhalt passen», erklärt Onkel Florian und macht den Koffer auf: Im Koffer liegt ein zweiter, etwas kleinerer. Er läßt den zweiten aufschnappen: Ein dritter Koffer. Onkel Florian öffnet langsam den dritten, um schnell einen kleineren, vierten herauszuholen. Unter den neugierigen Blicken von Elfi und Paul läßt er auch den aufschnappen und holt das fünfte, letzte Köfferchen heraus, öffnet es und betrachtet die Zeichnungen, die darin liegen.
«Ach so», sagt er dann und macht einen Kopfstand.
«Wieso machst du denn einen Kopfstand, wenn du die Bilder anguckst?» ruft Paul.
«Hmpf ... weil ... hmpf ...» macht Onkel Florian mit rotem Kopf.
«Wie bitte?» fragt Elfi.
Onkel Florian winkelt die Beine ab, stellt sie vorsichtig auf den Boden zurück, wartet so ein Weilchen, um erst einmal zu verschnaufen, und steht schließlich auf.
«Mit dem Kopf nach oben siehst du besser aus», sagt Elfi.
«Das ist nur Gewohnheitssache», sagt Onkel Florian.
«Und was heißt ‹hmpf› auf hochdeutsch?» fragt Paul.
«Das heißt, daß man schlecht reden kann, wenn man auf dem Kopf steht», erklärt Onkel Florian.
«Und warum stehst du auf dem Kopf, wenn du deine Bilder betrachtest?» fragt Elfi.
«Weil einige Kopfstehbilder dabei sind. Man kann sie von zwei Seiten betrachten», sagt Onkel Florian.

... setzen wir uns einfach in unser Schiff und fahren weg!

Wenn es uns in unserem Häuschen zu langweilig wird, dann...

ABDUL, DER SCHLAUE OLIVENHÄNDLER.

DSCHINGIS, DER GRAUSAME PIRATENKÖNIG

Opa Kruschtel und seine beiden Bärchen

«Und warum sind die Bilder in immer kleineren Koffern verpackt?» fragt Paul.
«Weil außer den Kopfstehbildern auch ein paar Immer-kleiner-Bilder dabei sind. Man könnte sie natürlich auch Immer-größer-Bilder nennen», sagt Onkel Florian. «Die Dinge auf diesen Zeichnungen werden immer größer oder immer kleiner. Je nachdem, wie man's betrachtet.»

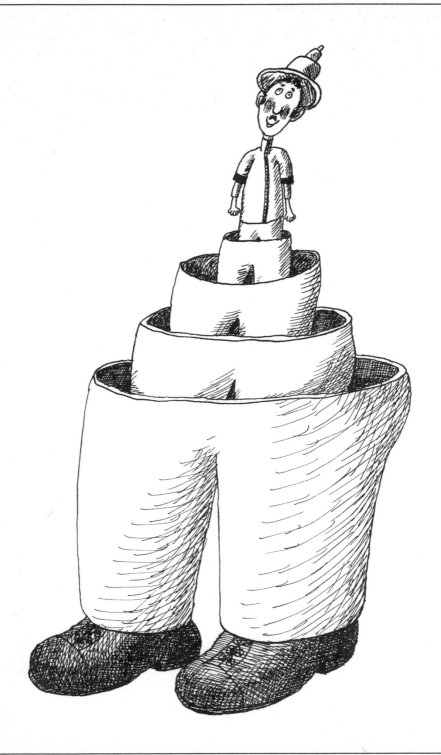

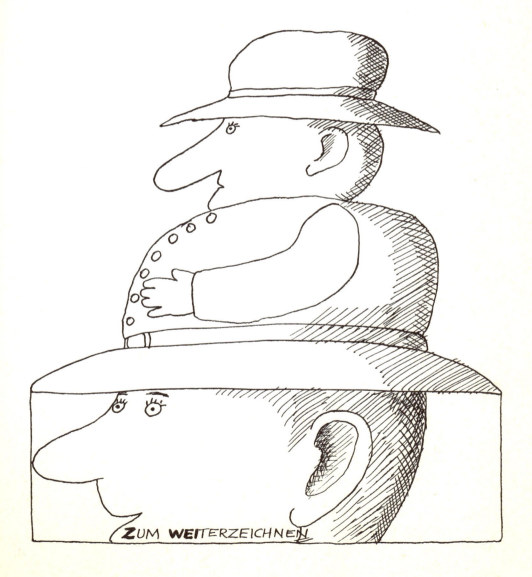

«Und warum hast du unten im Koffer noch drei Federhalter, drei Federn und ein Tintenfaß?» fragt Elfi, die ein bißchen im Koffer gewühlt hat.

«Zum Schnörkeln», sagt Onkel Florian.

«Schnörkeln? Was wird denn geschnörkelt?» fragt Elfi.

«Erst wollen wir zusammen die Bilder betrachten», schlägt Onkel Florian vor. Dann drückt er Paul und Elfi ein Blatt Papier und einen Federhalter in die Hand. «Nun darf geschnörkelt werden», sagt er dabei. «Wir werden lauter große G schnörkeln. Deswegen kann man sagen, daß wir jetzt ein G-Schnörkel veranstalten. Man kann aber auch von einem Geschnörkel reden.»

«Also, ich verstehe überhaupt nichts», beklagt sich Paul. Aber als er dann sieht, wie schön Onkel Florian seine G auf das Blatt schnörkelt, bekommt er auch gleich Lust dazu. Kurze Zeit später schnörkeln Paul und Elfi schnörkeliger, als Onkel Florian je geschnörkelt hat.

Onkel Florian
erzählt
eine Geschichte

Der Junge
und der Hund

Onkel Florian landet mit lautem Propellergeräusch, wartet, bis der Flugapparat stillsteht, steigt dann aus, holt ein winziges Klappstühlchen hinter dem Pilotensitz hervor, klappt es auseinander und setzt sich aufatmend nieder.
«Das ist mein Geschichten-Erzähl-Spezial-Stuhl», erklärt er. «Im Sitzen kann man besser erzählen als im Stehen.»
«Heißt das, daß du heute eine Geschichte erzählst?» fragen Paul und Elfi gespannt.
Onkel Florian nickt, und die beiden setzen sich neben ihn auf den Boden.
«Im Sitzen kann man auch besser zuhören als im Stehen», sagt Elfi dabei. «Welche Sorte kommt denn heute an die Reihe?»
«Ja – welche wollt ihr hören?»
«Eine Tiergeschichte», sagt Paul gleich.
«Lieber nicht! Ich kenne Tiergeschichten», sagt Elfi abwertend. «Die sind doch immer gleich kitschig: Das gute, tapfere, treue und kluge Tier besiegt die Bösen und rettet dem Guten das Leben.»
«Ich mag aber Tiergeschichten!» sagt Paul.
«Vielleicht kann ich eine Lösung finden, die euch beiden gefällt», überlegt Onkel Florian. «Ich werde eine Tiergeschichte erzählen . . .»
«Klasse!» sagt Paul.
«Och!» macht Elfi.
«. . . und dabei versuchen, daß sie nicht so sehr kitschig wird. Es soll eine wahre Geschichte sein . . .»
«Klasse!» sagt Elfi.
«Och!» macht Paul.
«. . . oder zumindest eine, die wahr sein könnte.»
«Von welchem Tier handelt sie denn?» fragt Paul.
«Von einem Hund», sagt Onkel Florian. «Genauer gesagt: Von einem Jungen und einem Hund.»

Der Junge und der Hund

Es war einmal ein Junge, der wohnte mit seinen Eltern im elften Stock eines Hochhauses.

Die drei wohnten noch nicht lange im Hochhaus, vorher hatten sie in einer Altbauwohnung in einer anderen Stadt gewohnt. Aber dann war der Vater hierher versetzt worden.

Weil der Junge noch nicht lange im Hochhaus wohnte, kannte er noch keine anderen Kinder. Weil er keine Freunde hatte, langweilte er sich. Deswegen saß er sehr oft vor dem Fernsehgerät. Der Empfang war auch besonders gut, weil die Fernsehantenne auf dem Dach des Hochhauses so hoch oben war.

Eines Nachmittags, als er sich gerade «Lassie» im Fernsehen angeschaut hatte, drehte er den Fernseher aus und sagte: «Mutti, ich möchte so gern einen Hund haben!»

«Wie bitte?» fragte seine Mutter, die ihn nicht verstand, weil sie im Nebenzimmer staubsaugte.

«Ich möchte einen Hund haben», wiederholte er lauter. «Bitte, schenk mir zum Geburtstag einen Hund!»

«Aber das geht doch nicht», sagte die Mutter, stellte den Staubsauger ab und kam zum Jungen ins Zimmer. «Das mußt du dir aus dem Kopf schlagen, das ist ganz unmöglich!»

«Wieso?» fragte der Junge.

«Es gibt tausend Gründe. Der Hund macht die ganze Wohnung schmutzig. Er zerkratzt die neuen Türen und den Teppichboden. Außerdem bellt er, und das stört die Nachbarn. Wahrscheinlich sind Hunde im Hochhaus sowieso nicht erlaubt. Bestimmt sogar.»

Weil der Junge nichts mehr dazu sagte, glaubte die Mutter, er hätte seinen Wunsch aufgegeben.

Aber am nächsten Tag kam er von unten und sagte triumphierend: «Ich hab den Hausmeister gefragt. Man darf Hunde halten. Kauft ihr mir jetzt einen zum Geburtstag?»

«Aber Kind», sagte die Mutter. «Das geht nicht. Ich hab's dir doch gestern schon erklärt.»

«Wieso nicht?» fragte der Junge.

«Sieh mal: Wenn wir einen jungen Hund kaufen, dann ist er doch noch

nicht stubenrein. Dann macht er auf den Teppich, und ich hab die Arbeit und muß die Bescherung wieder wegmachen. Dazu habe ich keine Lust.»
«Dann kaufen wir eben einen alten Hund», sagte der Junge.
«Ein alter Hund gewöhnt sich nicht mehr um. Der ist an seinen Herrn gewöhnt. Außerdem: Was sollen wir dem Hund überhaupt zu fressen geben? Es geht nicht. Sprich heute abend mit Papa darüber, der wird dir erklären, warum es nicht geht.»

 Als der Vater zu Abend gegessen hatte und gerade den Fernseher anschalten wollte, sagte die Mutter: «Es gibt noch etwas zu besprechen!»
«Was denn?» fragte der Vater. «Hat der Junge irgendwelche Schwierigkeiten in der Schule?»
«Sag's ihm selbst», forderte die Mutter den Jungen auf.
«Ich möchte so gern einen Hund haben», sagte der Junge. «Schenkt ihr mir einen Hund zum Geburtstag? Dann hätte ich jemanden, mit dem ich spielen könnte, am Nachmittag. Dann . . .»
«Nein, du, das geht nicht. Das geht leider nicht», sagte der Vater. «Wünsch dir lieber was anderes. Ein Hund – das geht nicht!»
«Wieso?» fragte der Junge.
«Ein Hund braucht Auslauf», sagte der Vater. «Man kann einen Hund nicht in eine Hochhauswohnung sperren. Da geht er ja ein. Wenn wir ein Haus mit einem Gärtchen hätten, wo der Hund den ganzen Tag draußen sein könnte, würde ich dir sofort einen kaufen.»
«Aber ich kümmere mich doch um den Hund», sagte der Junge. «Ich gehe jeden Tag ein paar Stunden mit ihm spazieren. Dann hat er Auslauf!»
«Das sagst du jetzt», meinte der Vater. «Aber später gibt es Streit, wer den Hund auf die Straße führen muß.»
«Niemals», sagte der Junge. «Das macht mir doch Spaß. Dann muß ich mich nicht mehr so entsetzlich langweilen. Dann habe ich wenigstens eine Beschäftigung: Futter kaufen für den Hund, den Hund spazierenführen, ihm zu trinken geben . . .»
«Und was sollen wir mit dem Hund machen, wenn wir in Urlaub fahren?» fragte der Vater.

91

«Ihn mitnehmen», sagte der Junge.
«Nach Italien?» fragte der Vater. «Wo soll er denn dort bleiben? In der Pension? Und wie bekommen wir ihn überhaupt über die Grenze?»
«Dann bleibt er halt solange hier», sagte der Junge.
«Bei wem?»
«Weiß ich auch nicht.»
«Na, siehst du!»
«Ich möchte aber so gern einen Hund zum Spielen haben. Einen, der kommt, wenn ich rufe. Und der . . .»
«Nein», sagte der Vater. «Es geht nicht.»
«Es geht wirklich nicht», sagte die Mutter.
Der Junge machte ein trauriges Gesicht und ging stumm in sein Zimmer.
«Können wir ihm wirklich keinen schenken? Er ist ziemlich einsam», sagte der Vater, als der Junge ins Bett gegangen war.
«Du hast doch selbst eben die Gründe genannt, warum es nicht geht», antwortete die Mutter. Der Vater nickte.

Der Junge redete jetzt jeden Tag vom Hund, und wie schön es wäre, wenn er ihn ausführen könnte, und wie er mit ihm spielen würde.
Die Mutter sagte jeden Tag «Nein!», aber es klang jeden Tag matter und weniger überzeugt. Und als vier Wochen um waren, hatte er Geburtstag.

Der Junge stand draußen vor dem Geburtstagszimmer und wartete gespannt auf das Öffnen der Tür, als er drinnen ein leises Jaulen hörte. Die Tür ging auf – und neben dem Tisch, unten auf dem Teppich, saß ein kleiner Hund. Es war ein wunderschöner Hund mit krausen, braunen Haaren.
Der Junge freute sich wie schon lange nicht mehr. Er streichelte dem Hund über den Kopf und kraulte ihn am Hals. Dem Hund schien es zu gefallen. Erst leckte er die Hand des Jungen, dann wälzte er sich auf den Rücken, streckte die Beine nach oben und biß ihm in die Hand. Aber nur ganz leicht, man merkte gleich, daß es ein Spiel war und nicht ernst gemeint. Der Junge legte sich neben ihn auf den Teppich, der

Hund sprang dem Jungen auf die Brust und versuchte, dessen Gesicht abzulecken. Der Junge lachte und drehte den Kopf zur Seite. Das reizte den Hund, es weiter zu versuchen.

«Au, du kitzelst mich!» rief der Junge lachend, sprang auf und rannte vor dem Hund weg. Der Hund stürmte hinterher, rutschte über das glatte Parkett, schlitterte gegen den Sessel und blieb verdutzt sitzen. Der Junge lachte noch mehr.

«Du darfst ihm gleich was zu fressen geben», sagte die Mutter. Sie machten eine Dose Hundenahrung auf, schütteten den Inhalt in den neugekauften Freßnapf und schauten begeistert zu, wie er ein paar Bissen davon fraß.

Der Junge war glücklich.

«Vielen, vielen Dank! Es ist mein schönstes Geburtstagsgeschenk», sagte er und gab seinem Vater und seiner Mutter einen Kuß. «Jetzt habe ich wenigstens jemanden, mit dem ich spielen kann. Jetzt ist's mir nie mehr langweilig.»

Durch den Hund hatte der Junge nun eine ganze Menge neuer Pflichten.

✳ Er mußte darauf achten, daß immer genug Fressen für den Hund da war.

Er mußte ihm das Fressen und etwas zu trinken geben.

Mindestens zweimal am Tag mußte er mit ihm spazierengehen, damit der Hund genügend Auslauf hatte.

Er mußte den Hund ab und zu bürsten und von Zeit zu Zeit baden.

Aber er tat alles wirklich gern, und es war eigentlich mehr ein Vergnügen als eine Arbeit.

Der Junge erzählte den Kindern aus seiner Klasse von dem Hund. Und immer öfter kamen am Nachmittag andere Kinder bei ihm vorbei, um sich den Hund anzusehen, und blieben dann, um mit dem Jungen zu spielen. Einige von ihnen wurden richtige Freunde. Sie luden ihn zu sich nach Hause ein, oder sie spielten alle zusammen Hockey mit selbstgebastelten Hockeyschlägern. Manchmal auch Fußball, aber eigentlich spielte der Junge lieber Hockey.

93

Nach vier Wochen kam es zum erstenmal vor, daß der Junge vergessen hatte, das Futter für den Hund zu kaufen. Er kam ganz erhitzt vom Hockeyspielen nach Hause, warf den Hockeyschläger auf seinen Schrank, legte sich aufs Bett, stellte das Radio an und hörte Musik.

Seine Mutter kam ins Zimmer und sagte: «Du mußt endlich den Hund füttern, er hat noch gar nichts gefressen.»

«Ach, ich lieg gerade so schön. Gibst du ihm mal was?» fragte der Junge.

«Na, ausnahmsweise», sagte die Mutter und ging in die Küche. Gleich darauf kam sie wieder und fragte: «Wo ist denn das Hundefutter? Die Dose ist leer.»

«Mensch, ich hab vergessen, eine neue zu kaufen», sagte der Junge schuldbewußt und stand auf. «Ich geh ganz schnell zum Supermarkt und hol eine.»

«Bring gleich mehrere mit, als Vorrat», rief ihm die Mutter nach. Der Junge hörte es nicht mehr. Es hätte aber auch nichts genutzt, wenn er es gehört hätte. Denn als er beim Supermarkt ankam, war schon längst geschlossen.

Sie gaben dem Hund Haferflocken, an denen er mißmutig kaute.

Am nächsten Tag, gleich nach der Schule, kaufte der Junge Hundefutter.

Aber zehn Tage später kam es ein zweites Mal vor, daß er das Futter vergessen hatte, und der Hund bekam als Ersatz ein Wurstbrot.

«Du mußt besser daran denken», sagte sein Vater.

«Weißt du, Papa, ich habe jetzt so viele Freunde und bin mit denen zusammen, und da vergeß ich's eben mal», sagte der Junge.

Am übernächsten Tag war es schon fast dunkel, als der Junge nach Hause kam.

«Du kommst aber sehr spät», sagte seine Mutter. «Der arme Hund war den ganzen Nachmittag in deinem Zimmer. Ich hatte zu tun, sonst wär ich mit ihm rausgegangen.»

«Du mußt wenigstens noch eine Viertelstunde mit ihm Gassi gehen», sagte der Vater, der schon zu Hause war. «Wo bist du denn so lange

gewesen?»
«Ich war bei meiner Freundin eingeladen, die hat heute Geburtstag gefeiert», sagte der Junge. «Ich geh gleich raus mit ihm. Ich will nur noch eben schnell in mein Heft schauen.»
«Hast du denn deine Hausaufgaben noch nicht gemacht?» fragte die Mutter entsetzt.
«Wir haben gar nichts auf», sagte der Junge.
«Warum mußt du dann ins Heft schauen?» fragte der Vater.
«Wir schreiben morgen eine Klassenarbeit. Ein Diktat», erklärte der Junge.
«Und das sagst du erst jetzt? Da müssen wir doch üben», rief die Mutter. «Bring mir mal gleich dein Heft!»
«Ich sehe schon, daß ich jetzt mit dem Hund rausgehen muß», sagte der Vater ärgerlich, nahm den Hund an die Leine und ging. «Dabei muß ich den ganzen Tag stehen im Betrieb und habe mir meine Ruhe eigentlich verdient.»

 Am nächsten Tag, gleich nach dem Mittagessen, sagte die Mutter: «Heute achte ich aber darauf, daß du gleich mit dem Hund rausgehst. Sonst bist du plötzlich wieder weg, und der Hund kommt erst abends ins Freie. Oder Papa muß ihn wieder ausführen.»
«Och», sagte der Junge. «Geht's nicht in einer Stunde? Ich hab jetzt keine Lust, ich wollte was spielen.»
«Nein», sagte die Mutter bestimmt. «Du gehst jetzt!»
Gerade als der Junge dem Hund das Halsband umgelegt hatte, klingelte es. Es war ein Freund.
«Kommst du mit? Heute nachmittag gibt's 'nen Chaplin-Film im Jugendhaus», sagte er. «Wir müssen uns beeilen, es fängt um drei an!»
«Klar!» sagte der Junge.
«Nein!» sagte die Mutter. «Ich muß darauf bestehen: Du gehst jetzt mit dem Hund Gassi!»
«So 'ne Gemeinheit», protestierte der Junge. «Jetzt, wo der Chaplin-Film gespielt wird.»
«Du kannst den Hund ja mitnehmen», sagte die Mutter.
«Nein, das geht nicht», sagte der Freund. «Hunde darf man nicht

mitbringen ins Jugendhaus.»

«Siehst du!» sagte der Junge.

«Dann muß dein Freund heute eben allein gehen. Im Jugendhaus ist ja zweimal in der Woche Kino», sagte die Mutter. «Dann gehst du eben das nächste Mal.»

«Muß das sein?»

«Es muß! Heute ist es der Film, morgen bist du schon wieder zu einer Geburtstagsfeier eingeladen, und übermorgen spielt ihr wahrscheinlich Hockey . . .»

«Nein, Fußball», sagte der Freund.

«Na, siehst du», sagte die Mutter. «Man kann einen Hund nicht den ganzen Tag in eine Hochhauswohnung sperren. Du gehst jetzt mit ihm spazieren!»

Der Junge machte die Leine am Halsband fest, ging mit seinem Freund und dem Hund zum Aufzug und fuhr hinunter.

«Und wenn du deinen Hund einfach vor der Haustür festbindest?» schlug der Freund vor. «Nach dem Kino kannst du ihn ja wieder abholen.»

Der Junge überlegte. «Nein, das geht nicht», meinte er schließlich. «Du mußt allein gehen.»

«Ich erzähl dir den Film», rief sein Freund und rannte zum Jugendhaus.

Der Junge nahm die Leine fest in die Hand und trottete mißmutig hinter dem Hund über den Rasen. Der Hund entdeckte eine Katze auf der anderen Straßenseite und stürmte bellend los. Durch den plötzlichen Ruck wurde dem Jungen die Leine fast aus der Hand gerissen, er stolperte.

«Du blöder Hund, bleib stehen!» rief er. Und dann noch einmal: «Blöder Hund.»

Es war das erste Mal, daß er seinen Hund beschimpft hatte.

«Der Hund stinkt», sagte der Vater am Samstagnachmittag. «Der Hund stinkt sogar sehr. Wann ist er eigentlich zuletzt gebadet worden?»

«Ich weiß nicht», antwortete der Junge. «Das ist schon zu lange her.»

«Dann wird es höchste Zeit!»

«Jetzt?» fragte der Junge. «Ich kann doch den Hund jetzt nicht baden, wo gleich die Sportschau kommt.»
«Seit wann interessiert dich eigentlich die Sportschau?» fragte die Mutter. «Die hast du dir doch früher nie angesehen.»
«Aber seit ich Fußball spiele», erklärte der Junge stolz. «Jetzt versteh ich was davon.»
«Na gut, dann schau mit mir die Sportschau an», sagte der Vater. «Aber danach wäschst du den Hund.»
«Danach?» rief der Junge. «Aber dann kommt doch im Zweiten Programm . . .»
«Der Hund wird heute gewaschen, und damit basta!» sagte der Vater ziemlich laut. «Wenn du den Hund nicht haben willst, können wir ihn ja wieder verkaufen. Ich war sowieso gegen das Tier.»
«Ich will ihn ja!» sagte der Junge, ließ Wasser in die Badewanne laufen und badete den Hund.

«Ich weiß gar nicht, was wir mit dem Hund machen sollen, wenn wir in zwei Wochen in die Ferien fahren», sagte die Mutter. «Du solltest dich mal erkundigen, wo man Hunde in Pflege geben kann. Es gibt doch Tierheime oder so was.»
«Ich werd mich mal erkundigen, bei Gelegenheit», sagte der Junge. «Ich geh jetzt zu meinem Freund.»
«Vergiß heute nicht, auf dem Heimweg Hundefutter zu kaufen», sagte die Mutter. «Und komm nicht erst zum Abendessen nach Hause, du mußt ja noch vorher mit dem Hund rausgehen.»
«Macht das nicht der Papa?» fragte der Junge. «Der hat das doch gestern und vorgestern auch gemacht.»
«Heute geht's nicht, weil wir eingeladen sind. Wir müssen pünktlich weg», erklärte die Mutter. «Außerdem ist es dein Hund.»
«Mein Hund, mein Hund», sagte der Junge ärgerlich. «Der Hund regt mich langsam auf», murmelte er im Hinausgehen.

Ein Stockwerk tiefer, im zehnten Stock, waren neue Leute eingezogen: ein Ehepaar mit einem kleinen Jungen.
Die Mutter lernte die Frau aus dem zehnten Stock im Aufzug kennen, als sie gerade den Hund Gassi geführt hatte.

«Sie haben einen hübschen Hund», sagte die Frau aus dem zehnten Stock. «Ich habe gar nicht gewußt, daß man in diesem Haus Hunde halten darf.»
«Doch, das darf man», sagte die Mutter. «Wohnen Sie schon lange hier? Ich habe Sie noch gar nicht gesehen.»
«Erst seit vierzehn Tagen», sagte die Frau aus dem zehnten Stock.
«Und wie gefällt es Ihnen im Hochhaus?» fragte die Mutter.
«Ich weiß nicht», sagte die Frau. «Die Wohnung ist ja sehr schön und praktisch. Aber wir sind noch ein bißchen fremd hier. Besonders unser Junge hat es schwer. Er kennt noch niemanden und hat keine Freunde. Wissen Sie, was er sich neuerdings wünscht?»
«Einen Hund», sagte die Mutter.
«Woher wissen Sie das?» fragte die Frau aus dem zehnten Stock erstaunt. «Haben Sie ihn schon kennengelernt?»
«Nein, aber ich habe selber einen Jungen», sagte die Mutter.
«Wie alt?»
«Er ist vor kurzem elf geworden.»
«Schade, meiner wird erst acht. Sonst hätten sie miteinander spielen können», sagte die Frau aus dem zehnten Stock.

«Ich glaube, ich weiß, wo wir unseren Hund während der Ferien unterbringen können», sagte die Mutter beim Abendessen.
«Wo denn?» fragte der Vater.
«In einem Tierheim?» fragte der Junge.
«Nein. Ich habe im Aufzug eine nette Frau kennengelernt. Die hat einen kleinen Jungen, und der wünscht sich sehr einen Hund. Der wäre bestimmt glücklich, wenn er während der vier Wochen auf unseren Hund aufpassen dürfte.»
«Du kannst sie ja mal fragen», sagte der Vater.
«Sind sie wirklich nett?» fragte der Junge.
«Ich kenne ja nur die Mutter von dem Jungen. Und die ist nett», sagte die Mutter.
«Hm», machte der Junge. «Hm.»
«Was ist denn mit dir?» fragte die Mutter. «Warum druckst du herum? Willst du irgend etwas sagen und traust dich nicht? Oder was ist?»

«Ich weiß nicht, wie ich's sagen soll . . .» fing der Junge an.

Die Mutter schaute ihn an und wartete geduldig.

«Ihr habt mir doch den Hund geschenkt, weil ich ihn mir so gewünscht habe», sagte der Junge. «Aber wißt ihr, das war, bevor ich meine Freunde kennengelernt habe. Vor der Hockeymannschaft und so. Da war ich doch immer allein. Und jetzt . . .»

«Und jetzt?» fragte die Mutter.

«Ich weiß nicht, ob du böse bist, wenn ich das sage: Aber eigentlich brauch ich gar keinen Hund mehr.

Ich mag ihn schon noch. Aber ich kann mich nicht so richtig um ihn kümmern, verstehst du? Und da meine ich halt, vielleicht sollten wir dem kleinen Jungen unseren Hund schenken», sagte der Junge und setzte hastig hinzu: «Natürlich nur, wenn es gute Leute sind. Und wenn sie wirklich nett sind mit dem Hund. Ich könnte ihn ja auch ab und zu besuchen, es ist ja nicht weit. Und das mit dem Urlaub wäre dann auch gleich geklärt.»

«Ja, ich weiß auch nicht», sagte die Mutter und schaute zum Vater hinüber. «Was meinst du denn dazu?»

«Meinetwegen», sagte der Vater.

So bekam die Familie aus dem zehnten Stock unversehens einen kleinen braunen Hund geschenkt.

Der Junge aus dem zehnten Stock freute sich wie schon lange nicht mehr. Er streichelte dem Hund über den Kopf, kraulte ihn am Hals und lachte, als der Hund versuchte, ihn abzulecken.

«Das sind unwahrscheinlich nette Leute da oben», sagte er zu seiner Mutter. «Die schenken uns einfach einen Hund! Jetzt habe ich wenigstens jemanden, mit dem ich spielen kann. Jetzt ist's mir nie mehr langweilig.»

Durch den Hund hatte der Junge nun eine ganze Menge neuer Pflichten.

Er . . . (Weiterlesen bei: ❋)

Ameurasilien

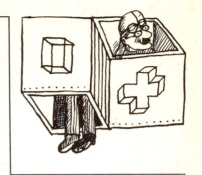

«Schau mal, Onkel Florian, was ich gefunden habe!» ruft Elfi und drückt ihm einen Gegenstand in die Hand.
Onkel Florian schiebt seine Fliegerbrille ein wenig nach vorn, dann wieder zurück, schließlich rückt er sie hoch auf die Stirn und sieht sich das Ding mit ausgestrecktem Arm aus einiger Entfernung an.
«Das ist ja ein browilierter Zürkelmauch!» ruft er überrascht.
«Wie bitte? Was soll das sein?» fragen Paul und Elfi überrascht.
«Na, wofür haltet ihr das denn?» fragt Onkel Florian zurück.
«Das ist eben ein Ring oder ein Reifen – oder wie man das nennen will», sagt Elfi.
«Von wegen!» sagt Onkel Florian.
«An der einen Seite ist er ein bißchen plattgedrückt. Aber ein plattgedrückter Ring bleibt immer noch ein Ring», behauptet Paul.
«Nun gut, wenn ihr meint, daß dies ein ganz gewöhnlicher Ring ist, dann malt ihn doch mal an!» sagt Onkel Florian. «Dann werdet ihr schon merken, was ein Zürkelmauch ist.»
«Warum? Hält die Farbe nicht? Nimmt er keine Farbe an?»
«Das ist nicht das Problem. Malt doch bitte den Ring so an: Elfi malt die waagrechte Fläche rot, ja?»
«Die waagrechte? Ist das die, die oben ist?» fragt Elfi.
«Ja», sagt Onkel Florian. «Und Paul malt bitte die senkrechten Flächen, die Seitenflächen, blau an, ja?»
«Sind das die, die schon ein bißchen gestrichelt sind?» fragt Paul.
«Genau die», bestätigt Onkel Florian.
Die beiden holen eine Dose Ölfarbe und beginnen zu streichen.

101

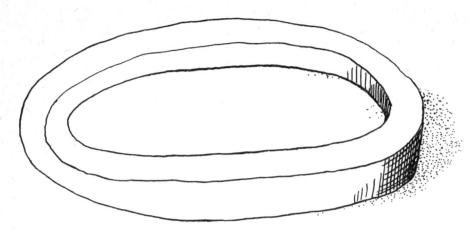

«He, das geht ja gar nicht!» ruft Paul, nachdem er eine Weile gemalt hat.
Elfi fragt: «Onkel Florian, kannst du uns erklären, wieso man dieses komische Ding hier nicht so malen kann, wie du es gesagt hast?»
Onkel Florian grinst. «Weil es aus Ameurasilien stammt. Alle Gegenstände aus Ameurasilien sind so. Auf den ersten Blick wirken sie ganz normal. Aber auf den zweiten merkt man, daß sie das ganz und gar nicht sind.» Er kramt hinten in seinem Flugzeug und kommt mit zwei Gegenständen zurück. «Hier habe ich zum Beispiel zwei ameurasilische Buchstaben!»
«Ein E und ein A», sagt Paul.
«Genau wie bei uns», sagt Elfi.
«Hm», macht Onkel Florian. «Nur auf den ersten Blick! Ihr könnt es ja wieder ausprobieren: Jeder darf einen Buchstaben anmalen. Ihr müßt nur immer die Vorderseite der Buchstaben anders anmalen als die Seitenflächen. Das ist die einzige Bedingung dabei. Elfi bekommt das Ang, Paul das Gnog-Gnog.»
«Wie bitte?»
«Ach so, ich habe mich versprochen», lacht Onkel Florian. «Ich meine: Das A und das E.»

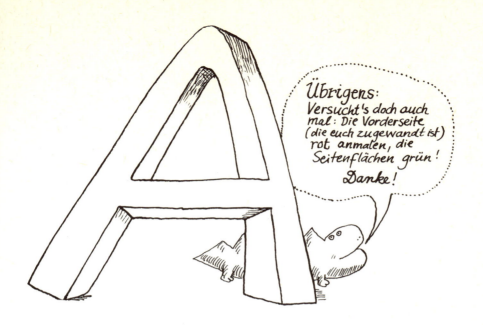

«So was Beklicktes!» schimpft Paul nach einer Weile. Elfi ist auch ganz sauer. «Blöder Buchstabe!» schimpft sie und wirft die Farben weg. «Onkel Florian, erklär uns doch, wieso das nicht geht!»

«Es sind eben ameurasilische Buchstaben. Und alles, was aus Ameurasilien kommt, ist so gebaut.»

«Wo liegt denn dieses Ameurasilien?» fragt Elfi.

«Wo es liegt, kann ich auch nicht erklären», sagt Onkel Florian. «Ich kann nur erklären, wie man hinkommt.»

«Wie denn?»

«Man dreht sich einmal auf dem Stiefelabsatz um sich selbst und wandert darauf zweihundert Schritte genau nach Norden. Dort dreht man sich halb und wandert jetzt zweihundert Schritte genau nach Osten. Da angekommen macht man schnell noch zweihundert Schritte nach Süden und geht schließlich von dort aus zweihundert Schritte genau nach Westen. Wenn man alle Schritte gleich groß macht, gibt es zwei Möglichkeiten: Entweder man landet da, wo man losgegangen ist, oder man landet in Ameurasilien.»

«Wie sieht es da aus?»

«Alles, was man sieht, läßt sich schwer beschreiben. Weil alles auf den ersten Blick normal aussieht und auf den zweiten verrückt. Am besten, ich zeige euch einige Bilder, die ich von dort mitgebracht habe», sagt Onkel Florian, wühlt noch einmal das halbe Flugzeug um und kommt mit den Bildern zurück.

«Das hier sind Buchstaben», erklärt er. «Es ist nicht das ganze Ang-Boko-Tak, aber es sind wenigstens die wichtigsten.»

«Das ganze was?» fragt Paul.

«Ach so: Das ganze Abc», erklärt Onkel Florian. «Sie sagen nicht A, B, C, sondern Ang, Boko, Tak. Ihr Alphabet geht so: Ang, Boko, Tak, Digi, Gnog-Gnog, Fif, Mulla, Nowo, Illertisse, Gaga, Neck. Und so weiter, und so weiter. Ihr seht schon den Unterschied, wenn ihr die Buchstaben genau betrachtet.»

«Und was ist das?» fragt Paul, der schon das nächste Bild in der Hand hat.
«Eine Maschine. Es ist ein ganz einfacher Ein-Aus-Gollockter.»

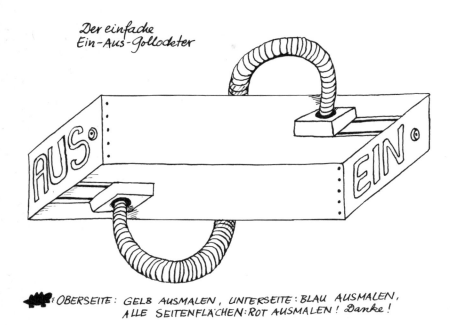

«Was macht man damit?» fragt Elfi.
«Man gollockt damit. Wie der Name schon sagt», erklärt Onkel Florian. «Samstags nehmen ihn allerdings manche Ameurasilierinnen zum Abbibeln. Ich habe auch schon Kinder gesehen, die damit Glopse getubelt haben. Aber meistens gollockt man damit.»
«Was ist gollocken?» fragt Paul.

«Das kann man nicht erklären, das muß man gesehen haben. Oder man muß es einfach ausprobieren», sagt Onkel Florian.
«Hmm», macht Elfi. «Und was ist das da?»

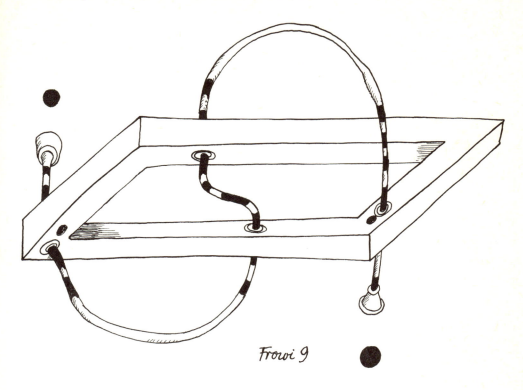

«Das ist eine Frowineun-Maschine. Mit ihr werden die Gnorbel abgemauchelt.»
«Könnte ich das auch?» fragt Elfi.
«Was?»
«Abmaucheln.»
«Natürlich. Du mußt nur die Maschine so nachbauen, wie sie hier zu sehen ist. Ein Stück Holz und ein Troglibidel-Schlauch – mehr brauchst du nicht.»

«Was ist ein Troglibidel-Schlauch?»

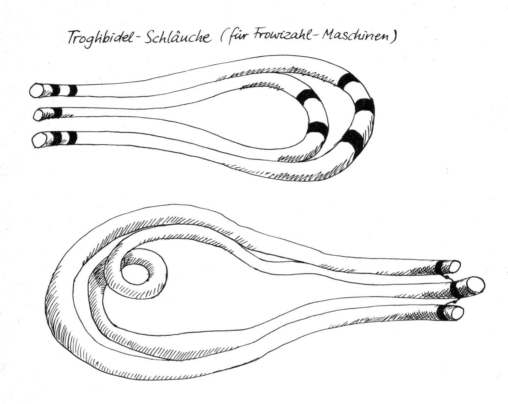

«So einer wie hier auf dem Bild. Das Schlimme bei diesen Troglibidels ist immer, daß man nicht erkennt, ob es zwei, drei oder vier Schläuche sind.»

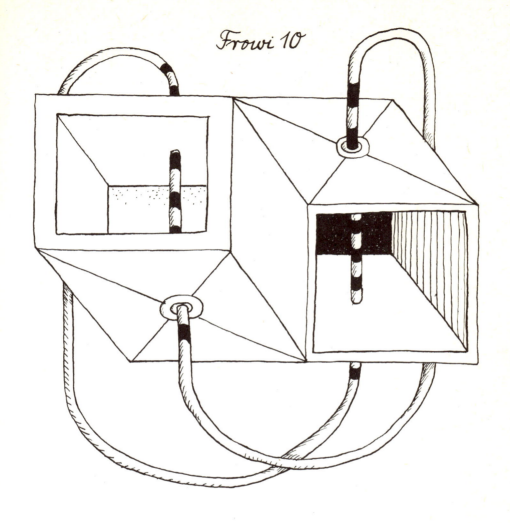

«Das hier ist die Frowizehn-Maschine», erklärt Onkel Florian beim nächsten Bild. «Sie hat auch einen Troglibidelschlauch, sonst könnte sie ja nicht gnaddern.»

«Aha», sagt Elfi. «Und was ist das für ein Ring?»
«Das ist genausowenig ein Ring wie vorhin der Zürkelmauch. Das ist ein aufrechter Hnf. Es gibt auch liegende Hnfe, die heißen allerdings Huller.»

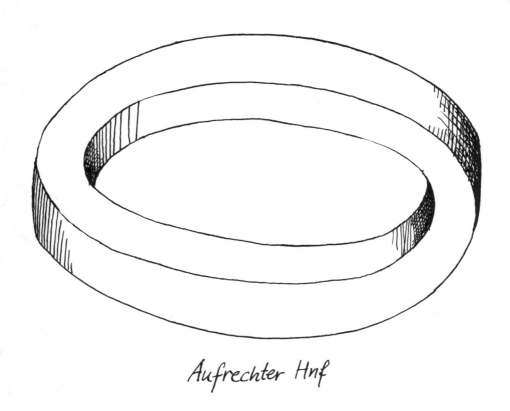

Aufrechter Hnf

«Jetzt kommen ein paar Bilder von Tieren», fährt Onkel Florian fort. «Besonders beliebt als Haustiere sind die Giraffennen.

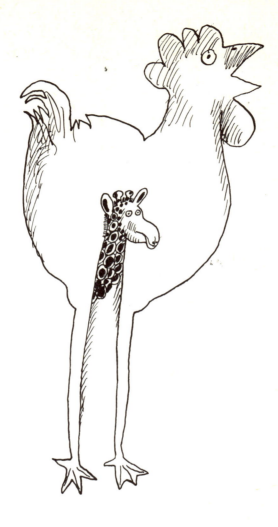

Dann gibt es Tiere, die an Schlangen erinnern. Hier ist eines davon.»

«Ich würde ja gern wissen, wie die Leute dort aussehen», meint Paul. «So!» sagt Onkel Florian. «Schade, daß die vier auf dem Bild gerade streiten. Na ja, sie haben auch allen Grund dazu.

Aber hier sitzen zwei, die sehen friedlicher aus.

Und das ist ein ganz vornehmer Euramasilier in Ausgehkleidung.»

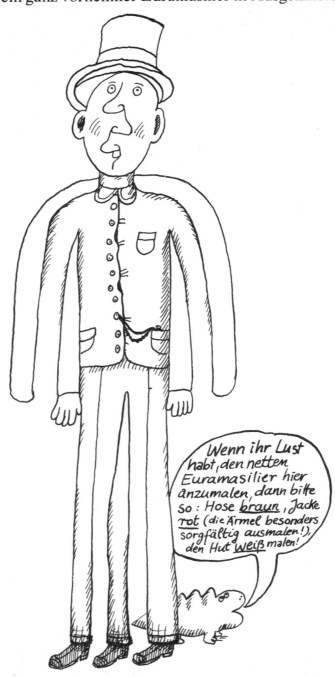

114

«Wieso Euramasilier?» fragt Elfi. «Ich denke, es heißt Ameurasilier!»
«Nur im Sommer. Im Herbst nennen sie sich Euramasilier», erklärt
Onkel Florian. «Im Winter heißen sie übrigens Aseuramilier. Am
besten, ihr geht selber mal nach Ameurasilien und schaut euch dort
gründlich um. Wie man hinkommt, wißt ihr ja.»

Onkel Florian
erzählt
eine Geschichte

Die Buchstabier-
maschine

«Onkel Florian! Onkel Florian, erzählst du uns eine Geschichte?»
«Jotta», sagt Onkel Florian.
«Wie bitte?»
«Jotta!»
«Das versteh ich nicht!»
«Ich kann es auch anders sagen: Jottawe O'Ellell!» antwortet Onkel Florian.

«Das ist doch nur Unsinn», beklagt sich Elfi. «Ich seh genau, daß du lachen mußt. Du willst uns auf den Arm nehmen! Das Wort gibt's gar nicht.»
«Deozeha!» sagt Onkel Florian und lacht noch mehr.
«Das ist Quatsch», meint Paul. «Du willst uns nur reinlegen.»
«Enn-E-I-Enn», antwortet Onkel Florian und schüttelt dabei den Kopf.
«Ha, jetzt versteh ich!» lachte Elfi. «Enn-E-I-Enn: N-E-I-N. Du buchstabierst deine Antwort!»
«Jotta», sagt Onkel Florian.
«Jott-A: JA!» ruft Paul, der nun auch begriffen hat. «Warum buchstabierst du alles? Hat das vielleicht was mit deiner Geschichte zu tun?»
«Und ob!» sagt Onkel Florian. «Denn nun kommt eine Unsinn-Nonsens-Quatsch-Geschichte (was so ungefähr dasselbe ist), in der es um Buchstabiermaschinen geht und die in der Zukunft spielt. Es ist also, ganz kurz ausgedrückt, eine Nonsens-Unsinn-Quatsch-Buchstabiermaschinen-Zukunfts-Geschichte. Oder, wie manche Leute auch zu

sagen pflegen, eine Nonsensbuchstabierunsinnmaschinenquatschzukunfts-Geschichte. Natürlich trifft auch die Bezeichnung Zukunftsquatschmaschinennonsensbuchstabierunsinn-Geschichte zu.»

«Am besten, wir kürzen ein bißchen ab und sagen: N.U.Q.B.Z.-Geschichte», schlägt Elfi vor.

«Sehr gut», sagt Onkel Florian. «Wie alle N.U.Q.B.Z.-Geschichten besteht auch diese aus einer Vorgeschichte, aus einer Hauptgeschichte und aus einer Nachgeschichte. Wobei die Nachgeschichte wiederum aus einem Zeitungsbericht, aus einem Brief und aus zwei Unterhaltungen besteht.»

«Ist das dein Ernst, oder machst du wieder Unsinn?» fragt Paul.

«Mein voller Ernst!» erklärt Onkel Florian ernst. Und weil die beiden immer noch ein wenig zweifelnd gucken, beweist er es ihnen, indem er folgende Geschichte erzählt:

Die Buchstabiermaschine

I. Die Vorgeschichte

Eine Bestellung

Direktor Bernhard F. Kängoruh von der Firma Kängoruh und Co. saß in seinem lederbezogenen Schreibtischsessel, zog an seiner Zigarre und las genüßlich die Verkaufszahlen der letzten drei Monate durch. Plötzlich stutzte er, schüttelte ratlos den Kopf und fragte seinen Sekretär: «Wissen Sie, was ein S.U.B. ist? Hier steht, daß wir einen Artikel namens S.U.B. am besten verkauft haben.»

«Das ist eine Abkürzung, Herr Direktor», antwortete der Sekretär höflich.

«Ach so, eine Abkürzung», sagte Direktor Kängoruh und nickte. Dann ging sein Kopfnicken immer mehr in ein Kopfschütteln über, bis er schließlich fragte: «Ich meine: Wofür ist das eine Abkürzung?»

«S.U.B. heißt: Selbstumblätterndes Buch», erklärte der Sekretär. «Wie Sie sich vielleicht erinnern, haben wir letztes Jahr diesem Erfinder, Professor Monogrohm, die Erfindung für fünfzig Mark abgekauft. Es handelt sich um ein Buch, das sich von allein umblättert.»

«Und warum wird das so oft verkauft?» fragte Direktor Kängoruh erstaunt.

«Das kann ich nur vermuten, Herr Direktor», meinte der Sekretär. «Ich vermute, daß die Leute einfach fauler geworden sind, als sie früher waren. Sie wollen immer weniger selbst tun. Sie fahren mit dem Auto zum Einkaufen und mit dem Aufzug in den ersten Stock. Selbst die Zähne putzt man schon elektrisch. Wer will da noch ein Buch selbst umblättern! Bei einem Buch von 300 Seiten bedeutet das immerhin einhundertfünfzig Handbewegungen! Da haben viele Leute lieber auf das Lesen verzichtet, bevor wir mit unserem S.U.B. auf den Markt gekommen sind.»

«Ich verstehe», sagte Direktor Kängoruh. «Aber jeder Mensch liest doch anders. Mancher schnell, mancher langsam. Haben wir daran gedacht?»

«Man kann natürlich die Lesegeschwindigkeit einstellen, Herr Direktor», sagte der Sekretär.

«Ausgezeichnet», sagte Direktor Kängoruh und zog begeistert an seiner Zigarre.

«Wenn man allerdings meinen Gedanken weiterdenkt», fuhr der Sekretär fort, «dann merkt man, daß das S.U.B. nur ein erster Schritt ist.»

«So?» fragte der Direktor erstaunt.

«Ja! Das Buch blättert sich zwar allein um. Aber etwas müssen die Leute noch selbst tun.»

«So? Was ist das?»

«Lesen! Sie müssen es lesen. Wenn man ein Gerät erfinden würde, das ihnen auch das noch abnimmt, dann wäre es *das* Geschäft!»

«Hmm», machte Direktor Kängoruh. «Was könnte das für ein Gerät sein?»

«Ein Buchstabiergerät. Eine Maschine, in die man das Buch nur hineinschieben muß und die dann laut vorliest, was da geschrieben steht.»

«Großartig!» rief Direktor Kängoruh begeistert. «Ich sehe nur eine Schwierigkeit: Wie soll die Maschine denn vorlesen? Meines Wissens hat eine Maschine doch keinen Mund.»

«Das erledigt natürlich ein Lautsprecher, der in die Buchstabiermaschine eingebaut ist.»

«Und wer könnte so eine Maschine bauen?» fragte der Direktor.

«Professor Monogrohm. Ich würde mal bei Professor Monogrohm nachfragen», sagte der Sekretär.

«Sehr richtig», sagte der Direktor, schrieb sofort einen Brief, ließ sich den Büroboten schicken und gab ihm den Auftrag, den Brief auf dem schnellsten Weg zu Professor Monogrohm zu fahren.

Ein kleines Ungeschick führt zu einem großen Irrtum

Hannes Kaminski, der Bürobote, nahm den Brief in Empfang, ließ sich Professor Monogrohms Adresse nennen, studierte kurz den Stadtplan, schwang sich auf sein Moped und fuhr los.

Da er zum Fahren beide Hände brauchte, klemmte er sich den Brief einfach zwischen die Zähne. Nach einiger Zeit kam es ihm albern vor, mit einem Brief im Mund durch die Gegend zu brausen. Deshalb hielt er kurz an und steckte sich den Brief vorn ins Hemd.

Beim Haus von Professor Monogrohm angekommen, parkte er sein Moped am Straßenrand und zog den Brief aus dem Hemdausschnitt. Dabei riß er an der rechten Seite des Briefs aus Versehen ein kleines Stück des Papiers ab. Wahrscheinlich war es die Stelle, die naß und damit weich geworden war, als er den Brief zuerst im Mund transportiert hatte.

Es war nur ein kleines Stück, das jetzt fehlte. Aber es änderte den Briefinhalt ganz gewaltig. So hatte der Brief ursprünglich ausgesehen:

LIEBER PROFESSOR MONOGROHM!

IM LETZTEN JAHR HATTEN SIE DIE GÜTE, FÜR UNS DAS BUCH, DAS SICH ALLEINE UMBLÄTTERT, ZU ER= FINDEN. ES WAR EIN GROSSER VERKAUFSERFOLG. DESWEGEN HABEN WIR EINE NEUE BITTE AN SIE, LIEBER PROFESSOR: KÖNNTEN SIE UNS EINE BUCHSTA= BIERMASCHINE BAUEN? ALLE ANFALLENDEN KOSTEN WÜRDEN WIR NATÜRLICH ÜBERNEHMEN!

    MIT HERZLICHEN GRÜSSEN

      Ihr
    B. Kängoruh

Und so sah er jetzt aus, als Hannes zweimal klingelte, dem Professor den Brief in die Hand drückte und – schon wieder im Weggehen – zurückrief: «Mit den besten Grüßen von Herrn Direktor Kängoruh!»

LIEBER PROFESSOR MONOGROHM!

IM LETZTEN JAHR HATTEN SIE DIE GÜTE, FÜR UNS
DAS BUCH, DAS SICH ALLEINE UMBLÄTTERT, ZU ER=
FINDEN. ES WAR EIN GROSSER VERKAUFSERFOLG.
DESWEGEN HABEN WIR EINE NEUE BITTE AN SIE,
LIEBER PROFESSOR: KÖNNTEN SIE UNS EINE
BIERMASCHINE BAUEN? ALLE ANFALLENDE
KOSTEN WÜRDEN WIR NATÜRLICH ÜBERNEHME
     MIT HERZLICHEN GRÜSSEN
                    Ihr
               B. Kängoruh

Professor Monogrohm las den Brief durch, nickte nachdenklich und sagte seiner Frau, daß er die nächsten Tage nicht gestört werden wollte.

«Eine neue Erfindung?» fragte sie gespannt.

«Eine superneue!» sagte er, gab ihr einen Kuß und verschwand pfeifend in seiner Erfinderwerkstatt.

Kaum zwei Wochen später war die Maschine schon gebaut.

Die Maschine arbeitet – aber wie!

«Wissen Sie, was soeben abgegeben worden ist?» fragte Direktor Kängoruh seinen Sekretär. «Sie erraten es doch nicht, deswegen sag ich's Ihnen gleich: Die Buchstabiermaschine!»

«So schnell?» fragte der Sekretär. «Das ist ja großartig. Wollen wir sie gleich ausprobieren?»

«Und ob wir das wollen!» sagte der Direktor. «Besorgen Sie sofort ein Buch! Die Maschine soll gleich lesen. Am besten, wir nehmen eine

Bibel. Schließlich ist es ein welthistorischer Augenblick, der später einmal in allen Geschichtsbüchern stehen wird.»
«Und wo schiebt man die Bibel in die Maschine?» fragte der Sekretär, als er das Buch aus einer Leihbücherei geholt hatte.
«Ich weiß auch nicht. Wir sollten wohl zuerst die Gebrauchsanweisung lesen.»
Sie gingen um die Maschine herum, die metallglänzend im Büro stand.
«Hier steht was!» rief der Sekretär und deutete auf die Rückseite der Maschine. «Da steht: Hier bitte den Wasserschlauch anschließen.»
«Einen Wasserschlauch?» fragte der Direktor verwundert. «Wozu braucht eine Buchstabiermaschine Wasser?»
«Ich weiß auch nicht. Aber viele Redner haben ja auch ein Glas Wasser vor sich stehen und nehmen ab und zu einen Schluck. Vielleicht arbeitet sie nach dem gleichen Verfahren.»

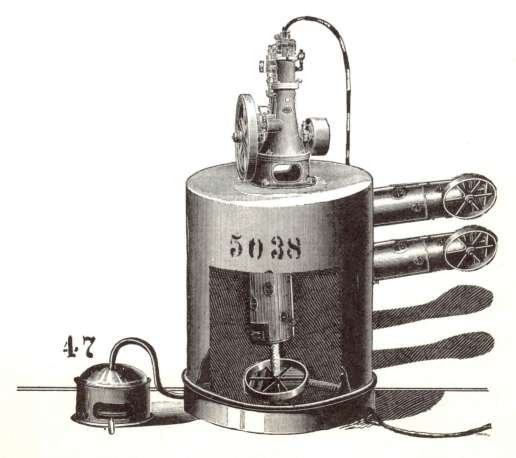

123

«Sehr richtig», sagte der Direktor. «Schließen Sie mal sofort den Wasserschlauch an!»

«Jetzt wissen wir aber immer noch nicht, wo man die Bibel reinschiebt», sagte der Sekretär, als er damit fertig war.

«Ha, jetzt habe ich aber auch was gefunden!» rief der Direktor triumphierend. «Hier neben dieser Klappe steht was.» Er setzte seine Brille auf und las vor: «Hier bitte Hopfen einfüllen!»

«Hopfen?» fragte der Sekretär.

«Hopfen!» sagte der Direktor. «Wo bekommen wir Hopfen her? Besorgen Sie uns sofort etwas Hopfen!»

«Sehr wohl, Herr Direktor», sagte der Sekretär, telefonierte, fuhr in die Stadt und kam mit einem Sack Hopfen wieder.

«Hier hineinschütten!» sagte der Direktor und schob die Klappe an der Maschine zur Seite, während der Sekretär den Hopfen hineinkippte.

«Eine sonderbare Erfindung», meinte er dann. «Höchste Zeit, daß wir herauskriegen, wo man das Buch hineinschieben soll. Ich glaube, hier steht noch was!»

«Da steht: Bitte hier Malz einfüllen!» las der Sekretär vor.

«Machen Sie Witze?»

«Nein, hier steht's», verteidigte sich der Sekretär. «Vielleicht arbeitet die Maschine mit einer ganz neuen Energieart.»

«Dann holen Sie meinetwegen Malz!» rief der Direktor. Und der Sekretär fuhr zum drittenmal an diesem Vormittag in die Stadt.

Nachdem auch das Malz eingefüllt war, gingen beide noch einmal um die Maschine herum. Das einzige, was sie noch entdeckten, waren zwei Knöpfe. Neben dem einen stand EIN, neben dem anderen AUS.

«Dann stellen Sie jetzt die Maschine an!» befahl der Direktor.

«Aber was soll sie denn lesen, wenn sie kein Buch hat?»

«Das werden wir schon sehen, wenn sie läuft», sagte der Direktor, und der Sekretär drückte auf den EIN-Knopf.

Das Wasser rauschte, die Maschine ratterte ein wenig, zischte dann, ein Metallhahn schob sich aus der einen Seite, und gleich darauf begann aus dem Hahn eine gelbe Flüssigkeit zu laufen. Im Nu hatte sich eine schäumende Pfütze auf dem Teppich gebildet, die schnell größer wurde und bald den ganzen Fußboden bedeckte.

«Stellen Sie doch das verdammte Ding ab!» schrie Direktor Kängoruh, der sich auf einen Stuhl gerettet hatte.
Der Sekretär watete durch die Flüssigkeit, drückte den AUS-Knopf, die Maschine hörte auf zu arbeiten, und die Flüssigkeit versiegte. Der Hahn tropfte nur noch ein ganz klein wenig.
«Hier steht noch was, Herr Direktor», sagte der Sekretär, nachdem er den Hahn untersucht hatte. «Da steht: Hier bitte das Bierglas unterstellen!»
«Wie bitte?» fragte der Direktor. «Das Bierglas?» Er stieg vorsichtig vom Stuhl, tauchte den Finger mutig in die gelbe Flüssigkeit, roch daran und kostete dann vorsichtig. «Bestes Bier! Der Professor ist verrückt geworden: Statt einer Lesemaschine hat er uns eine Brauerei geliefert!»

Der Irrtum wird aufgeklärt

Am nächsten Morgen, gleich nach dem Frühstück, klingelte es bei den Monogrohms an der Haustür. Frau Monogrohm öffnete. Ein dicker schwarzer Mercedes stand vorm Haus und vor dem Auto ein dicker kleiner Mann.
«Sie wünschen?» fragte Frau Monogrohm.
«Ich bin Bernhard F. Kängoruh von Kängoruh und Co. und möchte Herrn Professor Monogrohm sprechen», sagte der Dicke, und Frau Monogrohm führte ihn ins Haus.
«Nett, daß ich Sie auch mal persönlich kennenlerne», sagte Professor

Monogrohm, als sich sein Besuch vorgestellt hatte. «Wie hat Ihnen denn meine Biermaschine gefallen? Läuft sie gut?»
«Biermaschine!» rief Direktor Kängoruh wütend. «Deswegen komme ich ja zu Ihnen. Wie kommen Sie dazu, mir eine Bierbraumaschine zu schicken?»
«Aber Sie hatten doch eine bestellt», sagte Professor Monogrohm. «Ich habe Ihren Brief noch in der Tasche.» Er faßte in seinen Erfindermantel und holte den Brief heraus.
Ärgerlich nahm Direktor Kängoruh den Brief, faltete ihn auseinander, las ihn – und fing an zu lachen. «Das erklärt natürlich alles», sagte er dann und gab den Brief zurück.
Jetzt war Professor Monogrohm ärgerlich. «Was gibt's dabei zu lachen?» fragte er. «Hier steht ausdrücklich: BIERMASCHINE!»
«Ja», lachte der Direktor. «Weil ein Stück vom Brief fehlt. Ich habe eine Buchsta-Biermaschine bestellt!»
«Ach so», sagte Professor Monogrohm. «Eine Buchstabiermaschine! Das ist was anderes. Bringen Sie mir die Maschine zurück, ich werde sie umbauen!»
«Das – hm – geht nicht», sagte Direktor Kängoruh. «Sie müssen schon eine ganz neue bauen.»
«Wieso?»
«Weil wir – hm – die Maschine bereits verkauf haben. An die Gromstadter Hofbräu-Brauerei. Aber Ihre Materialkosten werden selbstverständlich ersetzt. Bauen Sie mir noch eine Buchstabiermaschine?»
«Meinetwegen», sagte Professor Monogrohm, und der Direktor verabschiedete sich überschwenglich.

II. Die Hauptgeschichte

Die Maschinen

Es dauerte diesmal vier Wochen, bis der Professor wieder von sich hören ließ.

Dann klopfte er eines Morgens an die Bürotür bei Direktor Kängoruh, trat ein und sagte: «Die Maschine ist fertig!»

«Großartig», sagte der Direktor. «Wir lassen sie sofort abholen.»

«Nicht nötig», sagte Professor Monogrohm. «Ich habe sie bereits mitgebracht. Sie steht draußen auf dem Lastwagen. Und diesmal will ich selbst dabeisein, wenn sie zum erstenmal eingeschaltet wird. Damit nicht wieder ein Irrtum vorkommt.»

Bald danach stand die zweite Maschine in Direktor Kängoruhs Büro. Sie war größer als die erste und sah noch viel, viel komplizierter aus.

«Na, dann wollen wir sie mal buchstabieren lassen», sagte der Direktor unternehmungslustig. «Wo ist denn ein Buch?»

«Hier, Herr Direktor», sagte der Sekretär und reichte ihm die Bibel.

«Wo schiebt man das Buch hinein?» fragte der Direktor.

«Hier, Herr Kängoruh», sagte Professor Monogrohm und zeigte auf den riesigen Trichter oben auf der Maschine.

«Hier?» fragte der Direktor entgeistert. «Wieso ist die Öffnung so riesig? Für ein Buch hätte auch ein kleiner Schlitz gereicht.»

«Sie wollen ja bestimmt nicht nur Bücher hineinschieben», sagte Professor Monogrohm erstaunt.

«Was denn sonst noch?»

«Sicher meint er Zeitungen und Illustrierte», flüsterte der Sekretär.

«Ach so», sagte der Direktor, schaltete die Maschine ein, stieg auf einen Stuhl und warf die Bibel oben in den Trichter.

Die Maschine summte, es klickte, und dann fielen auf der Unterseite klappernd fünf große Buchstaben in eine Auffangwanne: Erst ein L, dann ein E, ein B, ein I und nach einer kleinen Pause noch einmal ein B. Daraufhin leuchtete ein rotes Lichtchen auf, der Professor schaltete die Maschine ab und sagte stolz: «Fertig! Es hat geklappt!»

«Was heißt hier ‹fertig›? Überhaupt nichts hat geklappt, es hat nur geklappert», rief der Direktor empört. «Ich habe kein Wort gehört.

127

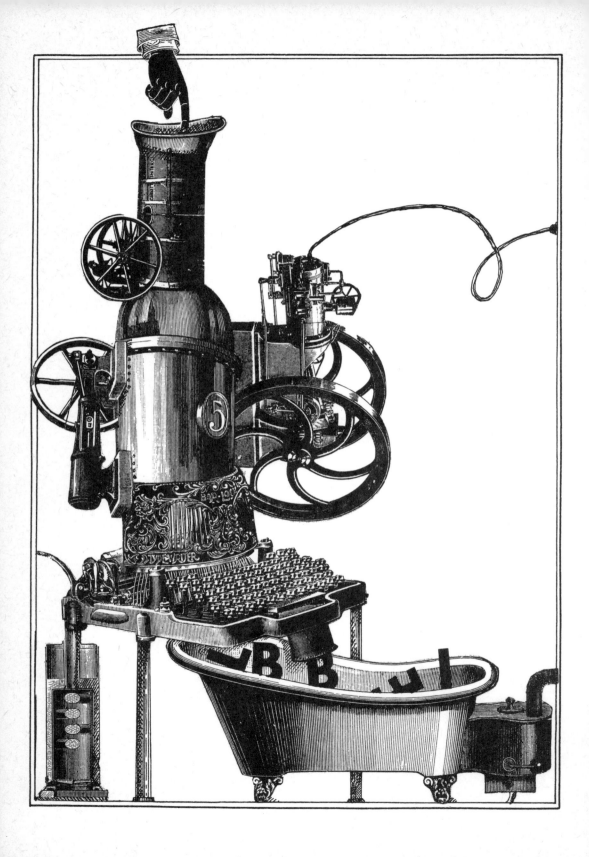

Nur Klappern! Was sollen überhaupt die Buchstaben da unten?»

«Ja . . . aber . . . aber die Maschine hat doch ganz richtig buchstabiert», rief der Professor fassungslos. «Sie hat doch ‹Bibel› ganz ordentlich in fünf Buchstaben zerlegt: B, I, B, E, L! Ich weiß gar nicht, was Sie wollen. Da, schauen Sie her!»

Er ergriff den Stuhl, auf dem der Direktor eben noch gestanden hatte, ließ ihn oben in den Trichter gleiten und schaltete die Maschine ein. Es summte und klickte, dann fielen ein L, ein H, ein U, ein T und ein S unten in die Auffangwanne, das rote Lichtchen leuchtete auf, und Professor Monogrohm sagte strahlend: «Na also!»

«Überhaupt kein ‹Na also›!» schrie der Direktor. «Jetzt sind schon der Stuhl und das Buch verschwunden!»

«Dabei gehört das Buch der Leihbücherei und muß diese Woche zurückgebracht werden», fügte der Sekretär vorwurfsvoll hinzu.

«Was soll ich denn mit dieser albernen Maschine, die alles zu Buchstaben macht?» fragte der Direktor.

«Das weiß *ich* doch nicht», sagte Professor Monogrohm beleidigt. «*Sie* haben doch die Buchstabiermaschine bestellt!»

«Aber nicht so eine!» rief der Direktor. «Eine, die lesen soll!»

«Dann hätten Sie eine Lesemaschine bestellen müssen, keine Buchstabiermaschine», meinte Professor Monogrohm ungerührt.

«Was soll ich damit nur machen? Die läßt ja nur Sachen verschwinden», stöhnte der Direktor. «Die ist ja zu nichts nütze! Keinen Pfennig kann ich damit verdienen!»

«Verzeihung, Herr Direktor», meldete sich der Sekretär zu Wort. «Ich habe eine Idee. Man muß nur Sachen finden, die man gern zum Verschwinden brächte. Dann ist die Maschine doch nützlich.»

«Die gibt's nicht», sagte der Professor. «Und wenn es sie gibt, dann ist es verboten.»

«Und was ist mit dem Müll?» sagte der Sekretär eifrig. «Keiner weiß, wohin mit dem Müll. Die Müllplätze wachsen immer mehr. Schüttet man ihn aber in unsere Maschine . . .»

«. . . dann kommt M, Ü, L, L heraus, und die paar Buchstaben kann man leicht stapeln», fuhr Professor Monogrohm begeistert fort.

«Hm. An der Idee ist was dran», sagte Direktor Kängoruh. «Auf Wiedersehen, Herr Professor!» Und zum Sekretär sagte er: «Melden

Sie bitte gleich ein Gespräch mit der Städtischen Müllabfuhr an. Ich habe das Gefühl, daß wir mit der ins Geschäft kommen!»

Sechs Wochen nach dem denkwürdigen ersten Lauf der Buchstabiermaschine klingelte es abends um acht stürmisch an der Haustür der Monogrohms.
Professor Monogrohm öffnete. Draußen stand Herr Kängoruh. Er wirkte sehr aufgeregt.
«Sie sollten sich endlich mal ein Telefon anschaffen!» rief er, während er in die Wohnung stürmte. «Man kann Sie ja überhaupt nicht erreichen! So ein Unfug!»
«Sind Sie gekommen, um mir das zu sagen?» fragte Professor Monogrohm. «Ein Telefon stört mich beim Nachdenken.»
«Es ist etwas Entsetzliches geschehen», rief Direktor Kängoruh. «Sehen Sie her!» Er öffnete seine Schweinsleder-Aktentasche und holte einige Buchstaben heraus: Ein H, zwei E, ein F, ein L und ein G. «Da war doch noch einer», murmelte er dann, kramte in der Tasche und legte noch ein I dazu. «Hier, sehen Sie selbst!» sagte er düster und zeigte auf die Buchstaben.
Professor Monogrohm legte sie auf die Tischdecke und versuchte, ein sinnvolles Wort daraus zu bilden. Erst legte er HEFELIG, schüttelte dann den Kopf und legte die Buchstaben um. Jetzt stand FEILHEG da. Er versuchte es noch mit FEGHEIL, als ihm der Direktor ärgerlich die Buchstaben aus der Hand nahm und GEHILFE auf den Tisch legte.
«Gehilfe!» sagte Professor Monogrohm erbleichend. «Wie ist denn das passiert?»
«Sie müssen wissen, ich bin groß ins Müllgeschäft eingestiegen», erzählte Direktor Kängoruh. «Die Stadt zahlt mir, was sie früher für die Müllabfuhr ausgeben mußte. Und das ist nicht wenig, nebenbei bemerkt. Dafür beseitige ich den gesamten Müll. Geruchlos und umweltfreundlich! Ich habe einen Gehilfen eingestellt, der den ganzen Müll, der eingeliefert wird, einfach in die Buchstabiermaschine schüttet. Die vier Buchstaben, die dabei herauskommen, lagern wir in unserem Hinterhof. Heute hatte sich der Müll im Trichter etwas verklemmt. Es ging nicht weiter. Deswegen hat der Gehilfe leichtsinnigerweise ver-

sucht, den Müll in den Trichter hineinzustampfen. Das ist ihm gelungen. Aber der Unglückliche ist dabei selbst in den Trichter gerutscht. Sie sehen ja selbst, was von ihm übriggeblieben ist.»

«Schlimm, schlimm», sagte Professor Monogrohm. «Ich muß unbedingt etwas unternehmen.» Er dachte einen Augenblick nach. «Ja, das ist's!» meinte er dann. «Ich baue eine Entbuchstabiermaschine!»

«Eine was?» fragte Direktor Kängoruh hoffnungsvoll.

«Eine Entbuchstabiermaschine! Sie arbeitet genau umgekehrt: Oben schüttet man die Buchstaben hinein, unten kommen die Gegenstände heraus. Ich gehe sofort an die Arbeit.»

«Tun Sie das!» sagte der Direktor erleichtert. «Ich lasse Ihnen gleich den Gehilfen da. Wie lange wird es wohl dauern, bis er entbuchstabiert ist?»

«Ich schätze, drei Wochen», antwortete Professor Monogrohm. «Ich gehe gleich an die Arbeit. Gute Nacht!»

«Gute Nacht», sagte Direktor Kängoruh und betrachtete nachdenklich die Buchstaben. «Ich frage mich nur . . .»

«. . . ob er wieder zurückverwandelt wird?» beendete Professor Monogrohm den angefangenen Satz. «Das glaube ich ganz bestimmt!» fügte er tröstend hinzu.

«Nein, das nicht. Ich frage mich, ob ich den Gehilfen auch während der drei Wochen bezahlen muß, die er bei Ihnen faul auf dem Tisch herumliegt!»

III. Die Nachgeschichte

Ein Zeitungsinterview

Dieser Artikel erschien ein halbes Jahr später in der kanadischen Zeitung «Daily Telegraph»:

Deutsche Mütter
buchstabieren eigene Kinder

Ist das neue Beförderungssystem wirklich ungefährlich?

In der Bundesrepublik Deutschland hat man eine bahnbrechende Erfindung gemacht: Man kann Gegenstände mit Hilfe von Buchstabiermaschinen verschicken! Auf Einladung des Kängoruh-Konzerns hat sich unser Mitarbeiter Peter O'Honnor dort umgesehen. Wir bringen hier ein Gespräch, das er mit Herbert Hutter, einem Maschinenwärter, geführt hat.

Peter O'Honnor: Herr Hutter, Sie sind Maschinenwärter bei der Firma Kängoruh. Könnten Sie unseren Lesern ein bißchen von Ihrer Maschine und von Ihrer Arbeit erzählen? Was tut ein Maschinenwärter?

Herbert Hutter: Das sagt schon der Name: Ein Maschinenwärter wartet die Maschine. Ich, zum Beispiel, passe hier auf diese Entbuchstabiermaschine auf. Wie Sie ja wissen, stehen in jeder Stadt Buchstabiermaschinen und Entbuchstabiermaschinen. Oben steckt man einen Gegenstand rein in die Buchstabiermaschine, unten kommen – peng – die Buchstaben raus. Natürlich kann man Buchstaben viel leichter verschicken als große Gegenstände. Denken Sie mal an einen Schrank oder eine Dampfwalze! Jetzt wird alles in Buchstaben zerlegt und dann durch Rohrpost weggeschickt. Was am andern Ende herauskommt, steckt man in die Entbuchstabiermaschine und – peng – hat man wieder den Schrank oder die Dampfwalze. Geht viel schneller als früher!

Peter O'Honnor: Man erzählt sich, daß sich sogar schon Menschen buchstabieren ließen!

Herbert Hutter: Ja, klar! Wenn eine Mutter ihre Kinder in den Ferien zur Oma schicken will, zum Beispiel. Da muß die Mutter gar nicht mehr im Zug mitfahren! Die kommen in die Buchstabiermaschine, peng, sind sie bei der Oma, und schon sind sie wieder entbuchstabiert. Das geht schnell!

Peter O'Honnor: Und das ist ganz sicher? Gibt es denn keine Pannen?

Herbert Hutter: Na ja, am Anfang gab's schon ein paar. Man redet zwar nicht gern darüber, aber da ist tatsächlich einiges passiert.

Besonders häufig waren die Verwechslungen. Wenn ein Maschinenwärter nicht aufpaßte, wie die Buchstaben lagen, dann konnte es schon mal vorkommen, daß er ein falsches Wort zusammengesetzt hat. Mir ist es selber ganz am Anfang passiert, daß ich LAMPE in der falschen Reihenfolge in die Entbu gesteckt habe. «Entbu» ist die Abkürzung von «Entbuchstabiermaschine», müssen Sie wissen. Tja, da ist dann leider PALME aus der Entbu rausgekommen. Der Empfänger war nett, er hat sich über die Palme gefreut und sich nicht beschwert, sonst wär's mir schlechtgegangen.

Einmal wollte einer zwei Echsen verschicken. Eigentlich hätte er sie hintereinander in den Trichter stecken müssen, das ist Vorschrift. Dann wäre ECHSE und noch einmal ECHSE herausgekommen. Das wären dann zehn Buchstaben gewesen. Das hätte zehn Mark gekostet. Es wird nämlich nach Buchstaben bezahlt. Deswegen geben neuerdings die Eltern ihren Kindern nur noch so kurze Namen wie Ole oder Ida. Wenn ein Ole und eine Ida zur Oma geschickt werden, kosten sie weniger als eine Wilhelmine allein.

Aber wir waren ja bei den Echsen. Der Maschinenwärter hat gedöst, deswegen ist der Typ mit seinen Echsen auf die Idee gekommen, sie beide auf einmal schnell in den Trichter zu stopfen. Die Maschine hat auch wirklich ECHSEN ausgespuckt, und er mußte nur sechs Mark zahlen. Die Buchstaben wurden dann automatisch verpackt und weggeschickt.

Der Wärter am andern Ende konnte mit den Buchstaben nicht viel anfangen. Weil das S zuerst kam und die beiden E, die aufeinanderlagen, ganz zum Schluß, hat er SCHNEE zusammengesetzt.

Sie hätten erleben sollen, was dann geschehen ist! Die Entbu hat Schnee ausgespuckt wie verrückt. Und das im Hochsommer! Erst lag der Schnee zwei Meter hoch, eine Viertelstunde später waren's schon fünf Meter. Der Wärter war völlig eingeschneit. Er kam einfach nicht an die Maschine ran, um sie abzustellen. Hatte er einen Meter Schnee weggeschaufelt, kamen schon vier Meter Neuschnee! Die Kinder haben sich gefreut, das ist klar. Sie hätten sehen sollen, wie die im Schnee getobt haben.

Nach 'ner Weile ist durch die Schneelast die elektrische Leitung geplatzt, einfach entzweigerissen. Dadurch hat die Maschine ausgesetzt. Weil ja Hochsommer war, ist der Schnee sofort geschmolzen. Es gab 'ne Riesenüberschwemmung, den Wärter hat's glatt mit weggeschwemmt. Der arbeitet jetzt 20 km talabwärts von hier. War auch besser so; der neue, der nach ihm gekommen ist, ist viel netter. Er leiht mir manchmal sein Motorrad.

Peter O'Honnor: Ist Ihnen ein Fall bekannt, wo es zu Personenschaden kam?

Herbert Hutter: Ein einziger. Da gab es in Duisburg bei so 'ner reichen Familie eine große Kindstaufe. Verwandte aus Schwäbisch Hall sollten kommen. Die wollten auch Geld sparen und ließen sich gemeinsam verschicken, alle in einem Trichter! Als TAUFBESUCH. Der Entbuchstabierer hat nicht recht gewußt, wie er die Buchstaben zusammensetzen sollte. Jedenfalls ist dabei erst einmal FUCHS und TAUBE herausgekommen. Ehe er seinen Irrtum merkte, hatte der Fuchs die Taube schon aufgefressen. Da war leider nichts mehr zu machen.

Die Taufgesellschaft hat in Duisburg gesessen und hat gewartet und gewartet auf den Taufbesuch aus Schwäbisch Hall, da ist die Tür aufgegangen und herein ist ein Fuchs gekommen! Das war 'ne Überraschung.

Sie haben ihn mit den ganzen Fleischresten gefüttert und haben das Tier dann dem Zoo geschenkt. Waren Sie übrigens schon mal im Zoo? Nein? Das sollten Sie aber unbedingt tun. Sie werden sich wundern, was da in letzter Zeit für Tiere hingekommen sind! Manchmal sind die Wärter nämlich betrunken und machen Unsinn. Das darf natürlich nicht vorkommen, aber wir Wärter sind halt auch nur Menschen. Die setzen mitunter die Buchstaben mit Absicht falsch zusammen, um zu sehen, was rauskommt. Gehn Sie mal in den Zoo, da sehen sie die Ergebnisse!

Daß sie aus 'nem ELEFANT ein ELENTAF gemacht haben, das geht ja noch. Das ist wirklich hübscher als so'n dicker Elefant. Aber daß sie aus 'ner GAZELLE das plumpe ELEZALG gemacht haben, das war eine pure Gemeinheit. Die sind mit Recht deswegen entlassen worden.

Peter O'Honnor: Aber das zeigt doch, daß eine ganze Menge Pannen geschehen.

Herbert Hutter: Geschehen sind! Geschehen sind! Das waren wirklich nur Anfangsfehler. Heute ist es ja Pflicht, daß mit den Buchstaben ein Zettel mitgeschickt wird, auf dem das richtige Wort steht. So was wie PALME und LAMPE gibt's dadurch nicht mehr. Und was die betrunkenen Wärter angeht: Die sind alle entlassen worden.

Peter O'Honnor: Eine letzte Frage, die unsere Leser wahrscheinlich am meisten interessiert: Wie fühlt man sich eigentlich, wenn man buchstabiert ist? Fühlt man da überhaupt was? Oder ist man ohnmächtig und erlangt erst in der Entbu wieder das Bewußtsein?

Herbert Hutter: Da müssen Sie einen fragen, der schon mal buchstabiert war.

Peter O'Honnor: Heißt das etwa, daß Sie die ganze Zeit noch nie buchstabiert worden sind?

Herbert Hutter: Genau das! Keine zwanzig Elezalgs würden mich in den Trichter reinbringen!

Peter O'Honnor: Herr Hutter, wir wünschen Ihnen noch eine angenehme Arbeit und bedanken uns für das Gespräch.

Anzeige

Haben Sie sich schon einmal buchstabieren lassen?

Kängoruh-Buchstabiermaschinen sind sicher, sauber, superschnell! Jedes Entbuchstabieren ein einmaliges Erlebnis!

Kängoruh – Buchstabiermaschinen & Co.

IV. Der Brief des vierzehnjährigen Robert O'Honnor an seine Mutter in Kanada:

Liebe Ma,
gestern sind wir hier in Heidelberg angekommen. Wir haben schon eine ganze Menge von der Stadt gesehen. Sie ist interessant. Aber noch interessanter finde ich die Leute hier. Du kannst Dir das nicht vorstellen! So was Komisches! Es gibt nur zwei Sorten von Menschen. Entweder sie sind ganz furchtbar dick, oder sie sind rappeldürr. Papa hat mir erzählt, daß das von ihrer neuen Art zu reisen kommt. Er war ja letztes Jahr schon einmal hier und kennt sich aus. Aber er sagt auch, daß sich vieles verändert hat.
Sie lassen sich buchstabieren und entbuchstabieren. Ich wollte es auch einmal versuchen, aber Papa sagt, ich darf nicht. Es gibt zwei Arten von Buchstaben, je nachdem, mit welcher Reisegesellschaft man sich verschicken läßt.
Bei der Firma Kängoruh sehen die Buchstaben so aus:

ABCDEFGHIJKLMNOPQ

Dann gibt es seit einem Jahr eine andere Firma, die auch buchstabieren kann. Sie gehört einem ehemaligen Mitarbeiter von Kängoruh, Herrn Bückmann. Sie ist etwas billiger, weil sie dünne Buchstaben verwendet:

ABCDEFGHIJKLMNOPQRSTUVWXYZ

Papa sagt, die Buchstaben «färben ein bißchen ab». Wenn man als dicke Buchstaben verschickt wird, wird man beim Entbuchstabieren ein bißchen dicker, bei den dünnen Buchstaben ein bißchen dünner. Und mit der Zeit sind alle Leute entweder ganz dick oder ganz dünn geworden. Weil ja alle Leute schon ein paarmal verreist sind. Es ist wirklich lustig, daß es jetzt hier alles doppelt gibt: Schmale, hohe Telefonzellen und kleine, breite. Oder Autos für Dicke und Autos für

Dünne. Die Dünnen schwören, daß Dünnsein schöner ist, die Dicken behaupten, nur dicke Sachen seien schön. Das geht schon so weit, daß es dicke und schmale Brote gibt und hier im Lokal Gläser für Dicke und Gläser für Dünne. Es war erst schwer für uns hier, weil die dicke Bedienung gesagt hat, wir sollten zur Abteilung für Dünne gehen, und die dünne Bedienung uns zu den Dicken schicken wollte. Jetzt haben wir doch noch einen Platz bekommen. Der Geschäftsführer war so nett und hat uns einen Tisch zwischen die zwei Abteilungen gestellt. (Der Geschäftsführer ist übrigens ein Dünner.)
Ich lege Dir ein paar Bilder bei, damit Du es Dir besser vorstellen kannst.

Ganz liebe Grüße von
Deinem Robert.

(Papa läßt grüßen, er schreibt heute abend auch einen Brief an Dich.)

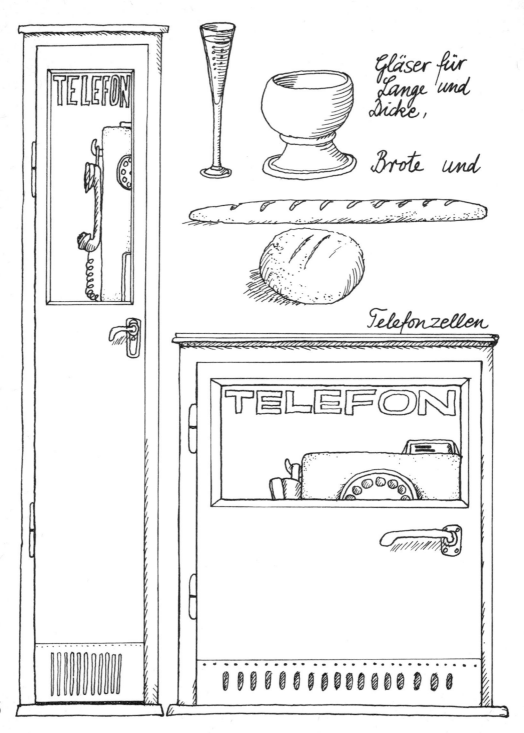

EIN WILDWESTFILM DER LANGEN, DÜNNEN LEUTE, UND EIN LIEBES=
FILM AUS DEM KINO DER KLEINEN, DICKEN LEUTE

V. Sonntagnachmittagsgespräch eines dicken Ehepaares, das aus dem Fenster schaut

«Ich weiß manchmal gar nicht, ob es gut war, diese Buchstabiermaschinen einzuführen.»

«Wieso denn? Du bist doch noch nie so billig verreist. Außerdem müßte man sonst bei jedem Umzug einen Möbelwagen bestellen wie vor fünfzehn Jahren.»

«Manchmal hab ich das Gefühl, wir verwandeln uns immer mehr in Buchstaben, Alf.»

«Natürlich verwandelst du dich in Buchstaben, wenn du buchstabiert wirst. In was denn sonst?»

«Ich fühl mich immer noch ein bißchen wie Buchstaben, auch wenn ich längst zu Hause bin und aus dem Fenster gucke.»

«Ida, hab doch nicht so trübe Gedanken! Was ist denn nur mit dir los! Schau doch mal, wie schön die Sonne scheint! Schau die Dünnen an, die draußen spazierengehen, dann kommst du von ganz allein auf bessere Gedanken. Das sind doch alles nur Hirngespinste.»

«Hast recht, Alf. Es war nur so ein dummer Gedanke. Er sieht wirklich hübsch aus, der Platz da unten. Mit so vielen, fröhlichen Menschen darauf.»

VI. Eine Frühstücksunterhaltung

Professor Monogrohm: «Wenn ich geahnt hätte, was die daraus machen, hätte ich nie die Buchstabiermaschine erfunden.»

Frau Monogrohm: «Das, lieber Mann, hättest du dir besser *vor* dem Erfinden überlegen sollen!»

Buchstaben-
geschichten

«Weil im vorigen Kapitel so oft die Rede von Buchstaben war . . .» fängt Onkel Florian an.
«. . . wollen wir jetzt eine Zeitlang überhaupt keine Buchstaben mehr sehen», vollendet Paul den angefangenen Satz.
«Das ist aber peinlich», sagt Onkel Florian.
«Wieso? Was?» fragt Elfi.
«Ich wollte nämlich sagen: Weil im vorigen Kapitel so oft die Rede von Buchstaben war, wollen wir jetzt aus ausgeschnittenen Buchstaben Figuren zusammenkleben», gesteht Onkel Florian.
«Ach so», meint Paul. «Na ja, wir können ja mal anfangen. Nur: Wo bekommen wir denn überhaupt Buchstaben her?»
«Das ist kein Problem», sagt Onkel Florian. «Ihr braucht nur eine Illustrierte durchzublättern. Die ist voll mit Riesenbuchstaben, die man herrlich ausschneiden kann. Besonders die Reklameseiten.»
«Dann holen wir gleich Scheren und fangen an», schlägt Elfi vor.
«Das können wir», meint Onkel Florian. «Allerdings . . .»
«Allerdings?» fragt Paul.
«Allerdings hatte ich mir gedacht, daß ich euch anschließend auch noch Buchstabengeschichten vorstellen würde. Aber wenn ihr meint, daß ihr jetzt eine Weile genug von Buchstaben habt . . .»
«Das stimmt eigentlich gar nicht», sagt Paul. «Das war mehr so dahergesagt. Was sind denn Buchstabengeschichten?»
«So etwas Ähnliches wie Bildergeschichten. Nur daß halt hier Buchstaben die Hauptrolle spielen.»
«Fein», sagt Elfi. «Dann schneiden wir erst Buchstaben aus und setzen daraus Figuren zusammen, und wenn wir damit fertig sind, zeigst du uns – zur Erholung – deine Buchstabengeschichten!»
«Auch einverstanden?» fragt Onkel Florian, an Paul gewandt.
«Einverstanden!» sagt Paul.
Und damit geht's los.

„Übrigens: Das ist die Frau von dem Herrn auf der anderen Seite. Sie hat noch kein Gesicht, damit ihr Buchstaben ausschneiden und ihr als Nase, Mund und Augen einkleben könnt. – Wo ihr Buchstaben herbekommt? Blättert um, dann gibt's ganz viele. (Nicht nur fürs Gesicht der Dame hier. Man kann noch viel mehr erfinden!)"

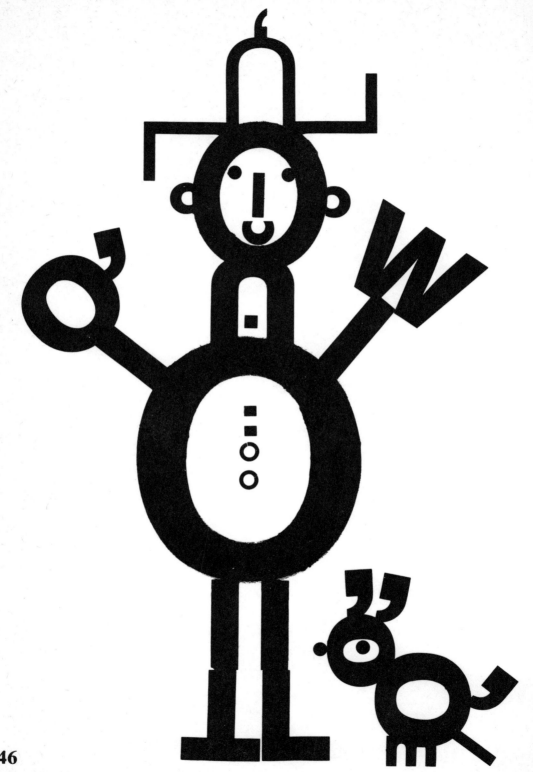

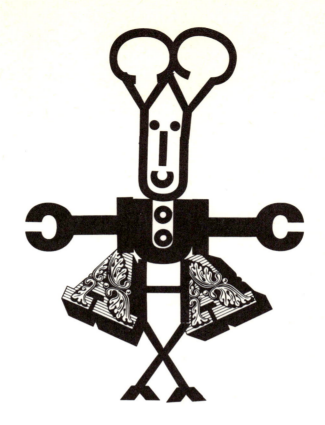

Die ersten Bilder vom großen Kampf zwischen H und U

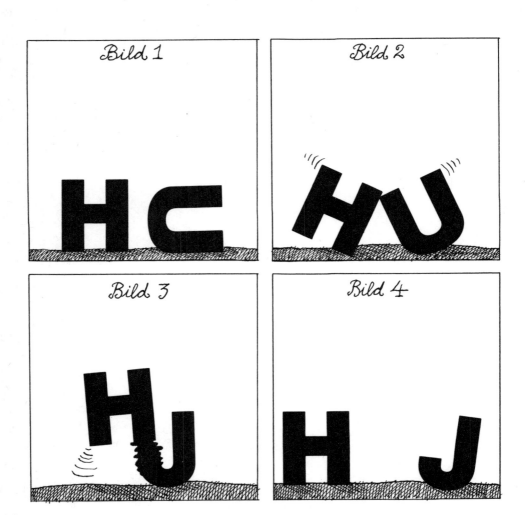

Bild 1: Die Beleidigung. Das U wendet dem H seine blanke Kehrseite zu. Eine tödliche Beleidigung.
Bild 2: Der Kampf beginnt. Man rempelt sich an.
Bild 3: Der entscheidende Sprung. H gelingt es, das U an seiner empfindlichsten Stelle zu treffen.
Bild 4: Die Niederlage. Geschlagen wankt das U davon, H triumphiert.

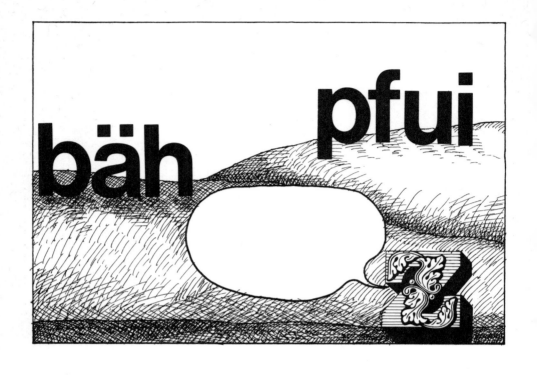

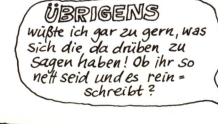

Aus dem Sachkundeheft des kleinen a

(Einige bisher nie gezeigte Bilder aus dem Leben der Buchstaben.)

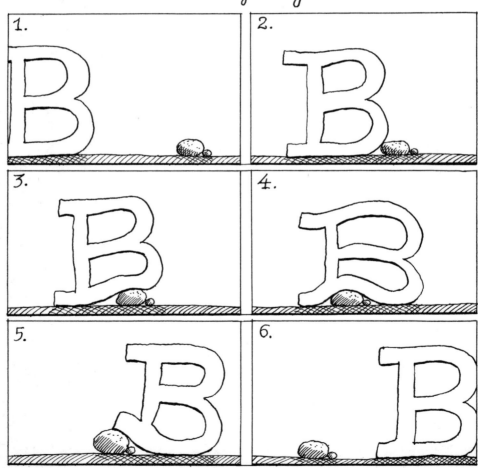

2.) R-nährung:

3.) LIEBE:

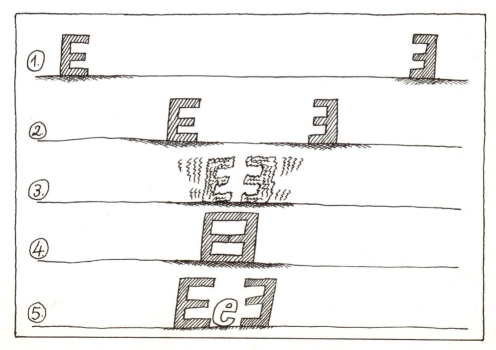

Wozu man Buchstaben verwenden kann....

Beispiel Nr. 1: Harte Nuß

BEISPIEL Nr. 2: Fehlender Stuhl

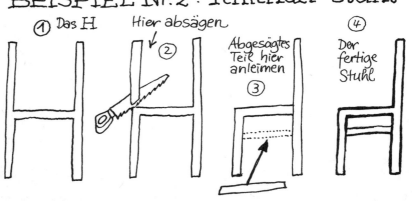

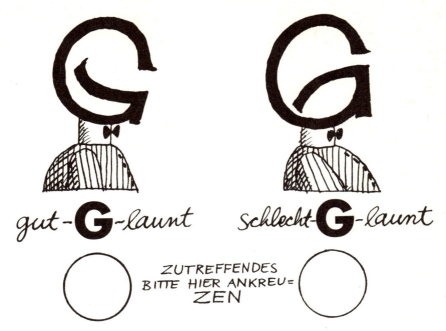

Herr Dörrlein
erzählt
eine Geschichte

Es gibt Leute, die erzählen Geschichten sachlich und zielstrebig: Sie beginnen, erzählen ganz knapp das Wesentliche und landen nach wenigen Minuten beim Schluß.

Wenn man so eine Erzählweise in einer Zeichnung darstellen wollte, müßte man links einen Punkt zeichnen, den Anfang, und rechts einen zweiten, das Ende. Dazwischen wäre eine gerade Linie, so geradlinig, wie die Geschichte auch erzählt wurde. So ungefähr:

Dann gibt es Leute, die erzählen ihre Geschichten nicht ganz so zielstrebig. Sie erlauben sich kleine Abweichungen. Mal ein «Da fällt mir noch ein . . .» mal ein «. . . So ähnlich erging es auch mir, als . . .» Sie kommen zwar auch zum Ziel der Geschichte, aber ein wenig später als die sachlichen Leute, von denen gerade die Rede war. Wollte man ihre Art, Geschichten zu erzählen, in einer Zeichnung ausdrücken, dann müßte man das etwa so tun:

Und schließlich gibt es noch Herrn Dörrlein. Wenn er eine Geschichte erzählt, sieht das so aus:

Herr Dörrlein wohnt oben unter dem Dach im Haus von Paul und Elfi. In seinem Mansardenzimmer sieht es aus wie in einem kleinen Urwald. Herr Dörrlein sammelt nämlich Kräuter und trocknet sie auf dem Fußboden. Weil es schon so viele Kräuter sind, daß der Stuhl, das Bett und der Tisch kaum noch aus dem Kräutergestrüpp herausschauen, hat Herr Dörrlein ein paar Wege im Kräuterdschungel angelegt. Rich-

tige Trampelpfade. Einer führt von der Tür zum Stuhl, einer vom Stuhl zum Bett, ein anderer vom Bett zum Fenster. Diese Wege muß Herr Dörrlein immer freihalten. Dadurch hat er ziemlich viel zu tun. Außerdem studiert er noch in alten Kräuterbüchern, wenn er nicht gerade neue Kräuter heimschleppt.

Wenn die Kräuter getrocknet sind, verkauft er sie. Ab und zu tippt er auch kleine Aufsätze auf der Schreibmaschine, wie «Zum Lob des Tausendgüldenkrauts» oder «Mit Wermut gegen Magenweh». Davon macht er dann so viele Durchschläge, wie die Schreibmaschine schafft, und verkauft sie für eine Mark das Stück an Reformhäuser.

Außerdem erzählt er – wie gesagt – manchmal Geschichten.

Er kommt gerade mit einem Rucksack voller Kräuter (Schafgarbe und blaue Wegwarte) nach Hause, als Onkel Florian wieder einmal gelandet ist.

«Onkel Florian, was wollen wir machen?» fragt Elfi.

«Erzählst du uns eine Geschichte?» fragt Paul.

«Eine Geschichte?» sagt Onkel Florian. «Na gut.»

«Eine Geschichte?» fragt Herr Dörrlein, der den letzten Satz zufällig gehört hat. Er kommt näher und stellt sich zu den dreien. «Erzählt euch Florian immer Geschichten? Das erinnert mich an meinen Großvater. Der hat mir auch Geschichten erzählt. Ich erinnere mich da besonders gern an die eine vom Kapitän und der Gemse. Die mochte ich sehr. Es gab dann allerdings auch noch die Geschichte vom Reh. Die war vielleicht noch besser. Ja, die war eigentlich besser!»

«Erzählen sie doch», bittet Paul.

«Welche?» fragt Herr Dörrlein.

«Die eine», sagt Paul.

«Die andere», wünscht sich Elfi.

«Gar keine», wehrt Onkel Florian ab. Er kennt die Geschichten von Herrn Dörrlein bereits. «Sicher hat Herr Dörrlein jetzt nicht so viel Zeit. Er erzählt sie euch ein andermal.»

«Aber nein», sagt Herr Dörrlein, holt einen Stuhl und setzt sich. «Ich habe Zeit. Ich kann den Kindern gern die Geschichte vom Reh erzählen. Mein Großvater hat sie mir erzählt, als er im geblümten Sessel saß. Es war ein sehr schön geblümter Sessel mit gelben Teerosen auf schokoladenbraunem Grund. Oder waren es braune Rosen auf gelbem Grund? Ich muß bei Gelegenheit einmal gründlich darüber nachdenken. Er saß also im geblümten Sessel . . .»

«Sie sollten langsam zur Sache kommen», sagt Onkel Florian ein wenig ungeduldig. «Ob der Sessel geblümt war oder gestreift, spielt doch für die Geschichte vom Reh keine Rolle!»

«Das meinen *Sie*!» sagt Herr Dörrlein. «Das zeigt mir, daß Sie – mit Verlaub gesagt – von Geschichten zu wenig verstehen. Der geblümte Sessel war für die Geschichte sogar *sehr* wichtig. Jetzt, wo ich danach gefragt worden bin, muß ich wohl oder übel eine kleine Abschweifung zu dem Sessel machen. Sonst hält man mich noch für einen Vielredner. Meine Großeltern hatten nämlich in ihrer guten Stube zwei Sessel stehen. Früher sagte man ‹gute Stube›, heute würde man wohl ‹Wohnzimmer› sagen. Die reichen Leute sagten ‹Salon› dazu. Aber meine Großeltern waren nicht gerade reich, wenn auch nicht besonders arm. Sie sagten ‹gute Stube›.

Einer von den Sesseln war gestreift, einer war geblümt. Der gestreifte Sessel war etwas härter, der geblümte Sessel war weicher. Deswegen wollten Großvater und Großmutter besonders gern im geblümten

Sessel sitzen. Am Anfang ihres Zusammenlebens war Großvater der Stärkere und Schnellere. Es gelang ihm immer, Sekunden vor Großmutter beim geblümten Sessel zu sein. Fast immer, wenn sich Großmutter im geblümten Sessel niederlassen wollte, saß Großvater bereits darin.

Deswegen schlug sie vor, daß abgewechselt würde: Einmal dürfte der eine im geblümten Sessel sitzen, einmal der andere. Großvater war einverstanden und hielt sich auch eine ganze Weile daran. Aber mit der Zeit wurde er immer nachlässiger. Angeblich vergaß er ständig, wer zuletzt den gestreiften Sessel benutzt hatte, und setzte sich auf alle Fälle in den geblümten.

Deswegen fing Großmutter an, Strichlisten zu führen. Sie führte genau Buch, wer wann im geblümten Sessel gesessen hatte. Aber Großvater machte geradezu einen Sport daraus, sie zu übervorteilen. Wenn sie gerade kochte, Einmachgläser aus dem Keller holte oder zum Einkaufen weg war, schlich er sich in die gute Stube und setzte sich – schwupp – in den geblümten Sessel, ohne sich in die Liste einzutragen! Und wenn Großmutter aus der Küche, dem Keller oder vom Einkaufen zurückkehrte und in die gute Stube blickte, stand er am Fenster oder saß am Klavier und spielte einen Walzer und tat so, als sei nichts gewesen.

Aber sie kam ihm natürlich auf die Schliche. Sie brachte kleine Markierungen am Sessel an. Kleine Papierröllchen, die herunterfielen, wenn man sich hinsetzte. Auf diese Weise fand sie heraus, wie oft er heimlich im geblümten Sessel saß, und das verbitterte sie natürlich sehr.

Als Großvater dann älter wurde, Rheuma bekam und nicht mehr so schnell gehen konnte wie Großmutter, hielt sie es für ihr gutes Recht, jetzt ihrerseits öfter im geblümten Sessel zu sitzen als Großvater. Sonntags, wenn sie von der Kirche nach Hause gingen, war sie immer ein paar Schritte schneller als Großvater mit seinem Rheuma. Wenn er durch die Tür der guten Stube kam, saß sie bereits fest im Sessel.

Er versuchte dann, sie mit allerlei Tricks aus dem Sessel zu locken. Großmutter trank zum Beispiel für ihr Leben gern Eierlikör. Großvater schenkte ein Gläschen Eierlikör ein und ließ es wie zufällig auf dem Tisch stehen, der fünf Schritte vom geblümten Sessel entfernt stand.

Kaum war Großmutter aufgestanden, um zum Tisch zu gehen und das Gläschen zu kippen – schwupp – saß Großvater, der hinter dem Schrank nur darauf gelauert hatte, schon im geblümten Sessel.
Oder er schaute angestrengt aus dem Fenster und bemerkte wie nebenbei: ‹Oh, Frau Huttenlocher hat sich einen neuen Hut gekauft. Nicht schlecht, gar nicht schlecht.›
Worauf Großmutter zum Fenster stürzte und hinausschaute, während sich Großvater gemütlich im geblümten Sessel niederließ. Fragte sie dann vom Fenster her: ‹Wo ist sie denn, die Frau Huttenlocher?›, dann sagte er vom Sessel aus scheinheilig: ‹Vielleicht ist sie gerade um die Straßenecke gegangen.›
Mit der Zeit fiel Großmutter natürlich nicht mehr darauf herein.
Auf diese Weise verpaßte sie Kaiser Wilhelm, worüber sie noch wochenlang mit Großvater böse war. Großvater stand da nämlich gerade

wieder einmal am Fenster und blickte hinaus, als er plötzlich sagte: ‹Ich glaube, da draußen geht gerade Kaiser Wilhelm mit seinem Gefolge vorbei.›

Großmutter wollte schon aus dem geblümten Sessel aufspringen und zum Fenster laufen, da fiel ihr ein, daß es bestimmt ein Trick war, der sie aus dem Sessel locken sollte. Deswegen sagte sie nur: ‹So, so!›

Großvater rief: ‹Komm schnell, er ist es wirklich!› Sie antwortete: ‹Bist du sicher, daß es der Kaiser ist? Vielleicht ist es Richard Wagner oder Winnetou!› Und blieb sitzen.

Am nächsten Tag las sie in der Zeitung, daß Kaiser Wilhelm dem Städtchen einen überraschenden Besuch abgestattet hätte und wieder abgereist sei. Ihr könnt euch nicht vorstellen, wie wütend sie war!»

«Das muß ja eine fürchterliche Ehe gewesen sein», unterbricht Elfi.

«Ja, wirklich, das meine ich auch», sagt Paul.

«Ich weiß gar nicht, warum sich die beiden nicht scheiden ließen», sagt Onkel Florian.

«Was heißt hier ‹fürchterliche Ehe›?» fragt Herr Dörrlein. «Die beiden waren doch gar nicht getraut. Das erklärt auch, warum sie sich nicht scheiden ließen: Sie konnten ja nicht, weil sie nicht verheiratet waren! Außerdem hatten sie gar keine Lust dazu, sich zu trennen. Wenn es nicht um den geblümten Sessel ging, waren sie ein Herz und eine Seele.»

«Da wir wieder beim geblümten Sessel angelangt sind: Was, um alles in der Welt und auf dem Mond, hat die Geschichte, die der Großvater einmal erzählt hat – und die wir vielleicht eines Tages zu hören bekommen –, was hat diese Geschichte mit dem geblümten Sessel zu tun?» fragt Onkel Florian.

«Aber das ist doch sonnenklar», ruft Herr Dörrlein. «Wenn Großvater im gestreiften Sessel sitzen mußte, war er immer ein wenig ärgerlich. Also hat Großvater immer nur dann Geschichten erzählt, wenn er gemütlich im geblümten Sessel saß. Denn wenn man ärgerlich ist, hat man wenig Lust, seinem Enkel Geschichten zu erzählen.

Er hatte dann immer sein Bier neben sich stehen und rauchte seine Pfeife. Es war eine lange Pfeife, wie man sie jetzt gar nicht mehr kennt. Sie war bestimmt einen Meter lang. Sie hatte einen Porzellankopf, auf dem ein Kampf zwischen einem Jäger und einem wilden Eber dargestellt war. Es war ein gefährlicher Zweikampf, und der Eber auf der Pfeife . . .»

«Aber die Pfeife ist doch wirklich nicht wichtig», unterbricht Onkel Florian.

«Nicht wichtig? Weit gefehlt!» stellt Herr Dörrlein richtig. «Die Pfeife ist fast ebenso wichtig wie der geblümte Sessel. Übrigens weiß ich gar nicht, warum Sie mich ununterbrochen unterbrechen.»

«Ununterbrochen unterbrechen – das ist übertrieben», verteidigt sich Onkel Florian.

«Wie recht sie haben», sagt Herr Dörrlein schuldbewußt. «Man übertreibt wirklich viel zu kräftig. Wie würdet ihr übrigens ‹ununterbrochen› schreiben?»

Paul überlegt ein bißchen und schreibt dann auf einen Zettel:

ununterbrochen

«Sehr richtig!» lobt Herr Dörrlein. «Und wie schreibt man ‹unterbrochen›?»

Elfi schreibt:

unterbrochen

«Seht ihr, so machen es die meisten», sagt Herr Dörrlein. «Pure Gedankenlosigkeit! So etwas Unlogisches. Man kann doch nicht ‹unterbrochen› so ununterbrochen schreiben wie ‹ununterbrochen›!»

«Wie schreiben Sie es denn?» fragt Elfi.

«Na, so!» sagt Herr Dörrlein, nimmt den Zettel und schreibt es auf:

ununterbrochen

un te rbro c he n

Als er damit fertig ist, fragt er: «Wo waren wir eigentlich stehengeblieben?»

«Bei der langen Pfeife», sagt Paul.

«Richtig», sagt Herr Dörrlein. «Ohne Pfeife keine Geschichte. Wenn Großvater nämlich seine lange Pfeife angesteckt hatte, war er für die nächste halbe Stunde festgenagelt. Die Pfeife war so groß, daß er nichts anderes tun konnte, als sie zu rauchen, wenn sie erst in Betrieb

war. Nicht einmal herumgehen konnte er damit. Nur im Sessel sitzen, Bier trinken, rauchen und Geschichten erzählen. Großvater war ein guter Geschichtenerzähler. Seine Geschichten richteten sich allerdings nach dem Bier, das er dabei trank. Nach einem Glas Bier, zum Beispiel, erzählte er noch nicht gern lange Geschichten. Nach zwei Glas wurden sie länger. Die besten Geschichten erzählte er nach dem dritten Glas Bier. Bei vier Glas wurde es schon ein wenig schlimm. Und beim fünften Glas wurden die Geschichten zwar recht lustig, aber doch ein wenig verwirrend. Er verwechselte dann ständig die Personen in seinen Geschichten und schüttelte aus Versehen die Namen durcheinander.

Wie damals, als er die Geschichte vom Nashorn, vom Maulwurf und vom Ohrwurm erzählen wollte. Da hatte er auch schon seine fünf Glas.»

«Wie ging denn die Geschichte?» fragt Paul interessiert.

«Pssst!» macht Onkel Florian. Aber es ist schon zu spät. Bevor Herr Dörrlein die Geschichte vom Reh weitererzählt, erzählt er erst einmal:

Wie der betrunkene Großvater die Geschichte vom Maulwurf, vom Nashorn und vom Ohrwurm erzählt

Einmal wollten der Maulwurf und das Nashorn den Ohrwurm besuchen.

Der Naswurf und das Maulhorn hatten eine große Himbeertorte als Geschenk gekauft, und schon waren sie losgewandert zum Wurmohr.

Als sie dann vor seinem Haus standen, hat das Nasmaul zum Wurfhorn gesagt: «Ob er sich wohl über das Geschenk freuen wird, der Naswurm?»

«Du meinst wohl, ob sich der Ohrwurf freut», hat der Hornnas das Ohrmaul verbessert.

«Mein lieber Hornwurf», hat das Wurmhorn erwidert. «Ich werde doch noch ein Hornohr von einem Wurfnas unterscheiden können!»

«Du kannst ja nicht einmal ein Wurfmaul von einem Hornwurm unterscheiden!» hat das Maulohr gesagt und hat dabei ganz hämisch gelacht.

Damit ist das Wurfohr beim Maulwurm aber an den Falschen gekom-

men! Denn voller Wut hat der Wurfnas das Nasohr gepackt und im hohen Bogen in die Regentonne geworfen. Die ist umgefallen und ist gegen die Haustür gestoßen, daß es nur so gescheppert hat.
Da ist oben ein Fenster aufgegangen, und der Wurfwurm hat herausgeschrien: «Wer macht da draußen einen solchen Lärm?»

Das Maulnas ist aus der Tonne gestiegen und hat gerufen: «Wir!»
Das Wurfmaul hat von oben weiter gefragt: «Wer ist wir?»

«Wir zwei halt», hat das Ohrnas geantwortet. «Wir kommen zu Besuch!»

«So ein Besuch ist mir viel zu laut», hat der Wurfwurm gerufen und hat das Fenster wieder zugeknallt.

Da sind das Nasohr und das Ohrhorn heimgegangen und haben die Himbeertorte einfach allein aufgegessen.

«Ich frage mich», sagt Onkel Florian, als Herr Dörrlein fertig ist, «ich frage mich, wie sich die Geschichte erst angehört hätte, wenn er sechs Glas Bier getrunken hätte.»

«Das kann ich euch sagen», erwidert Herr Dörrlein. «Dann hätte sich die Geschichte gereimt.»

«Gereimt?» fragt Elfi erstaunt.

«Ja», sagt Herr Dörrlein. «Nach dem sechsten Glas wurde Großvater erstaunlicherweise wieder etwas nüchterner. Das war dann die Zeit, wo er anfing zu reimen. Am liebsten erfand er dann Aalgedichte. Jeden Sonntag ein neues Aalgedicht.»

«Was ist denn ein Aalgedicht?» fragt Elfi.

«Pssst!» macht Onkel Florian schon zum zweitenmal. Aber wieder zu spät.

«Ein Aalgedicht? Ja, das müßte man vielleicht auch noch klären, bevor die Geschichte anfängt. – An den Aalgedichten bin ich nämlich nicht ganz unschuldig», fügt Herr Dörrlein stolz hinzu. «Eines Tages gab es bei meinen Großeltern Aal zu essen. Und der Fisch war ziemlich klein ausgefallen. Deswegen reimte ich nach dem Essen:

Es war einmal ein Aal,
der war ein wenig schmal.

Ich halte den Reim noch heute für sehr gelungen. Wenn man bedenkt, daß ich damals erst vierzehn Jahre alt war.»
«Vierzehn?» ruft Paul. «Da sollten sie aber mal hören, was Elfi und ich zusammen mit Onkel Florian für schöne Abzählreime dichten!»
«So, welche denn?» fragt Herr Dörrlein.
Paul sagt: «Na, den zum Beispiel:

Kommt Herr Setzteuch
in die Klasse,
fliegt Herrn Setzteuch
gleich der nasse
Tafellappen ins Gesicht.
Warst es du?
Ich war es nicht!»

«Nun, dieser Vers ist etwas länger als der von mir. Zugegeben!» gibt Herr Dörrlein gnädig zu. «Das sagt aber noch nichts über die Güte aus. Mein Vers hat jedenfalls meinem Großvater so gut gefallen, daß er auch gleich einen reimte. Natürlich fing er an wie meiner:
Es war einmal ein Aal . . .»
«Und wie ging er weiter?» fragt Paul kritisch.
«Es gab verschiedene», sagt Herr Dörrlein. «Vier kenne ich noch. Ich kann sie ja mal aufsagen.»

Hier sind sie: **Nr. 1**
Es war einmal ein Aal,
der schwamm nicht ganz normal.
Er hielt den Bauch nach oben immer
und sagte: «Ich bin Rückenschwimmer!»

Nr. 2
Es war einmal ein Aal,
der schwamm durch den Kanal.
Ostern ist er reingeschwommen,
Pfingsten wieder rausgekommen.

Nr. 3
Es war einmal ein Aal,
der ging in ein Lokal
und forderte ganz unbeirrt:
«Ein Gläschen Branntwein her, Herr Wirt!»

Nr. 4
Es war einmal ein Aal,
der ward bei einem Mahl
von einem dicken Gast verzehrt.
(Darüber war das Tier empört.)

«Ganz gut», sagt Elfi. «Aber Gedicht Nr. 3 ist ziemlich unwahrschein-lich.»

«Ich verstehe», sagt Herr Dörrlein. «Du meinst, weil ein Aal gar nicht reden kann.»

«Das nicht», sagt Elfi. «Aber ein Wirt darf ja an Personen unter achtzehn Jahren gar keinen Branntwein ausschenken. Und der Aal war bestimmt jünger, da möchte ich wetten!»

«Aale werden, glaube ich, ganz schön alt», wendet Onkel Florian ein. «Aber doch nicht achtzehn», sagt Elfi.

«Ich habe von einem gelesen, der hat im Münchner Zoo gelebt. Und der ist über fünfzig Jahre alt geworden», meldet sich Paul zu Wort.

«Fünfzig? Das kann nicht sein», sagt Elfi.

«Doch. In der Zeitung hat gestanden, er hat bis zuletzt durch seine Kunststückchen die Kinder erfreut», sagt Paul. «Er hat immer Wasser in die Luft gespritzt.»

«Ach, das war ein Wal!» sagt Elfi.

«Einen Wal hat es dort nie gegeben», meint Onkel Florian.

«Ich hab's aber gelesen», sagt Paul. «Er hat immer um Geld gebettelt, das ihm die Leute in den Rüssel gesteckt haben und . . .»

«Ich glaube, du hast den Aal mit einem Elefanten verwechselt», unterbricht Onkel Florian.

«O ja, du hast recht», sagt Paul. «Jetzt fällt es mir wieder ein: Es war ein Elefant.»

«Na, siehst du», sagt Herr Dörrlein. «Ein Elefant und kein Aal. Folglich ist das Gedicht Nr. 3 doch wahr!»

«Ihr denkt genau um drei Ecken herum, wie die Leute es bei dem Bild tun werden, das ich heute aus einer Zeitung ausgeschnitten habe», wirft Onkel Florian ein. «Ich hab's vorne im Flugzeug. Wartet mal, ihr könnt es euch gleich ansehen. Man soll erraten, was daran falsch ist!»

Was ist hier falsch???

1. In geschlossenen Räumen nimmt der Herr den Hut ab.
2. Herrenjacken werden von links nach rechts geknöpft.
3. Der 9. Juli 1976 war ein Freitag.

«Wenn Sie ständig solche Abschweifungen machen, kommen wir mit der Geschichte vom Reh nicht weiter», rügt ihn Herr Dörrlein.

«Entschuldigung», sagt Onkel Florian. «Ich bin natürlich sehr gespannt auf die Geschichte.»

«Als Einleitung könnte man vielleicht noch erwähnen, daß Großvater die Geschichte Ende März erzählt hat», beginnt Herr Dörrlein.

Als er die erstaunten Blicke von Elfi, Paul und Onkel Florian sieht, fügt er als Erklärung noch hinzu: «Ich erwähne das deswegen, weil Großvater seine besten Geschichten immer Ende März erzählte, da er von Beruf Knopflochbohrer war.»

Jetzt schauen die drei noch verständnisloser.

«Ich sehe, daß ich leider doch etwas weiter ausholen muß», seufzt Herr Dörrlein. «Ich beginne mit den Knopflochbohrern. Was ist ein Knopflochbohrer?»

Die drei schütteln ratlos den Kopf.

«Dann beginne ich noch weiter vorn», sagt Herr Dörrlein. «Was ist ein Knopfloch?»

«Ist doch klar, das ist ein Loch in der Jacke. Da wird der Knopf durchgesteckt», sagt Paul. «Dann ist die Jacke zugeknöpft.»

«Falsch!» sagt Herr Dörrlein.

«Aufgeknöpft?» fragt Paul unsicher.

«Falsch, falsch, falsch!» antwortet Herr Dörrlein. «Ich will das an einem Beispiel erklären.» Er faßt an seinen Hemdenknopf, reißt ihn mit einer schnellen Bewegung ab und hält ihn den dreien unter die Nase. «Wie war dieser Knopf an meinem Hemd festgemacht?»

«Nicht sehr fest», sagt Elfi. «Sonst wäre er nicht so leicht abgegangen.»

Herr Dörrlein schüttelt unwillig den Kopf. «Ich muß anders fragen: Womit war dieser Knopf befestigt?»

«Mit Faden», sagt Paul.

«Aha, aha! Mit Faden! Jetzt sind wir am Ziel. Und wie war der Faden befestigt? Ja?»

«Mit der Nadel», sagt Paul.

«Nein, nein», stöhnt Herr Dörrlein. «Ich meine doch: *Wo* war der Faden befestigt?»

«Am Hemd», sagt Paul.

«Nein, nein, nein! Wie er am *Knopf* befestigt war!»
«Ach so», sagt Paul. «Das hätten Sie ja gleich fragen können. Er war durch die Löcher im Knopf genäht.»
«Endlich, endlich!» Herr Dörrlein atmet auf. «Durch die Löcher im Knopf! Und wie nennt man die Löcher in einem Knopf?»
«Knopflöcher», sagt Elfi.
«Na also. Wenn die Knöpfe aus Horn, aus Holz oder aus Schildpatt gemacht worden sind, müssen noch die Löcher hineingebohrt werden. Sonst könnte man sie ja nicht festnähen. Und diese Arbeit machen die Knopflochbohrer. Es gibt Zweilochknöpfe und Vierlochknöpfe. Deswegen gibt es Zweilochknopfbohrer und Vierlochknopfbohrer.» Stolz setzt Herr Dörrlein hinzu: «Mein Großvater hat sich vom Zweilochbohrer zum Vierlochbohrer hochgearbeitet. Heute macht man leider fast nur noch Zweilochknöpfe. Dabei gibt es beim Annähen der Vierlochknöpfe natürlich viel mehr Möglichkeiten!»
«Welche denn?» fragt Paul unvorsichtig. Und schon erklärt Herr Dörrlein, auf wie viele Arten man einen Knopf mit vier Löchern annähen kann.

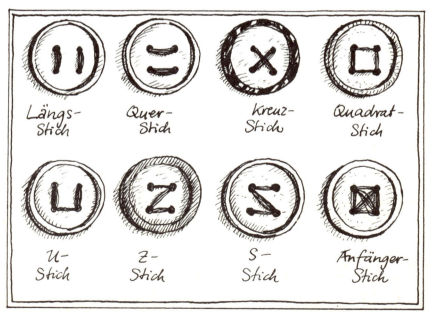

ACHT VERSCHIEDENE ARTEN, EINEN KNOPF ANZUNÄHEN

«Ihr könnt ja bei euren eigenen Hemd- und Jackenknöpfen mal nachsehen, wie sie angenäht sind», sagt er dann. «Aber jetzt zurück zu Großvater. Wie alle Handwerker hatten natürlich auch die Knopfmacher ihr Jahresfest, den Knöpfleinstag. Da wurde gegessen und getrunken, es gab das Knopfschießen und den Knopfmachertanz, und die Kinder gingen von Haus zu Haus, rasselten mit Hemdenknöpfen in Blechschachteln und sangen das Knopflied. Dafür bekamen sie dann kleine Geschenke. Ich habe als Kind das Knopflied oft gesungen. Es ging so:

> Knöpfe, Knöpfe,
> kleine, große,
> halten Jacke,
> Rock und Hose,
> schließen Mantel,
> Hemd und Latz.
> Knöpflein, Knöpflein,
> bist ein Schatz!

Alle Knopfmacher waren in Hochstimmung, sangen und erzählten Geschichten.»
«Jetzt verstehe ich langsam», sagt Onkel Florian. «Der Knöpfleinstag war natürlich Ende März!»
«Sehr klug überlegt», bestätigt Herr Dörrlein. «Und deswegen wurde die Geschichte, von der hier die Rede ist, auch Ende März erfunden. Wie ich schon sagte, heißt sie:

Das Reh.

Aber kaum hat Herr Dörrlein begonnen, die Geschichte zu erzählen, kommt ein breitohriges Männlein aus Onkel Florians Flugzeug geklettert und setzt sich Paul auf die Schulter.
«Vorsicht, ein Buchstabenfänger!» ruft Onkel Florian. Aber es ist schon zu spät. Der Buchstabenfänger grinst und ruft: «Alle R zu mir kommen!» Das Ergebnis sieht traurig aus:

Das eh

Es wa einmal ein ad ennfah e , de fuh mit seinem ad du ch den
 iesel egen. Die egent opfen atte ten auf seinen iesen oßen e-
genhut, die äde d ehten sich asch, das Wasse sp itzte auschend,
und de ad ennfah e wa gute Dinge.
Als e so dahe fuh , itt ein eite echts vo bei, de sp ach: « echt
schöne Fah t, liebe ad ennfah e ! Mi ist ge ade ein otb aunes eh
begegnet, das ichtig eden konnte.»
«Ihr edet i e», sagte uhig de ad ennfah e , abe de eite wide -
sp ach ä ge lich.

Onkel Florian entschuldigt sich sehr, daß der Kerl einfach in seinem Flugzeug mitgeflogen ist, ohne zu fragen.
Der Buchstabenfänger macht ein ganz betroffenes Gesicht, als er sieht, daß auch Paul und Elfi auf ihn böse sind, und verspricht, daß er nicht noch einmal alle R zu sich ruft.
Herr Dörrlein beginnt noch einmal:

Das Reh.

Aber kaum hat er wieder angefangen, die Geschichte zu erzählen, da ruft der Buchstabenfänger: «Alle E zu mir kommen!»
Das Ergebnis ist nicht viel besser als vorher:

Das R h

 s war inmal in Radr nnfahr r, d r fuhr mit s in m Rad durch d n Ri s lr g n. Di R g ntropf n ratt rt n auf s in n ri s ngroß n R - g nhut, di Räd r dr ht n sich rasch, das Wass r spritzt rausch nd, und d r Radr nnfahr r war gut r Ding .

Als r so dah rfuhr, ritt in R it r r chts vorb i, d r sprach: «R cht schön Fahrt, li b r Radr nnfahr r! Mir ist g rad in rotbraun s R h b g gn t, das richtig r d n konnt .»

«Ihr r d t irr », sagt ruhig d r Radr nnfahr r, ab r d r R it r wid rsprach ärg rlich.

Jetzt werden die vier ganz böse und schicken den Buchstabenfänger einfach weg.

«Ich habe doch die R gar nicht gerufen», sagt er schmollend. Aber Onkel Florian und Herr Dörrlein bleiben hart.

«Wir wollen dich nicht haben», sagt Onkel Florian.

«Du verdirbst mir die ganze Geschichte!» sagt Herr Dörrlein. «Ich erzähle erst weiter, wenn du weggegangen bist!»

«Ihr werdet schon sehen», murmelt der breitohrige Buchstabenfänger und verschwindet.

Als er um die Ecke gegangen ist, merken die vier, daß es ein großer Fehler war, den Buchstabenfänger wegzuschicken.

,   -
,   ,   ,
.
,   : «
!
.»
«   »,   ,   -
.

bö hnn

e l n o   E s t i   d d a RRR
ee   eee
h n n   m r e   neass R eie
R i h n t a c   shter rr   n rr utsrmnied
aandgi goiRae   R sss
ähtu ene u u h   sis   eee
m r ß g f n   ssst o eie h Rrr t
eee sutrnihedac
Rufudce   R t u   riree e nen
a r mulea

ALLE BUCHSTABEN
ZU MIR KOMMEN!
SCHNELL!

Und das ist dann das Ende von Herrn Dörrleins Geschichte.

Rätsel

Elfi fragt: «Was ist das: Es fliegt durch die Luft, hat zwei Beine und macht ‹quak, quak, quak›?»
Paul weiß es nicht. «Vielleicht ein Frosch?» rät er.
«Ein Frosch hat vier Beine», sagt Elfi.
«Vielleicht ein Frosch, der nur noch zwei Beine hat», überlegt Paul.
«Selbst dann kann er noch nicht fliegen», sagt Elfi.
«Was ist es denn?» fragt Paul. «Ich weiß es nicht.»

«Ein Papagei, der gerade von einem Frosch ein neues Wort gelernt hat», sagt Elfi. «Und was ist das: Es fliegt durch die Luft, hat vier Beine und macht ‹quak, quak, quak›?»
«Wieder ein Frosch?» rät Paul.
«Wieso *wieder* ein Frosch?» fragt Elfi. «Das letztemal war es doch gar keiner.»
«Ach so», sagt Paul. «Was ist es dann?»
«Zwei Papageien», sagt Elfi. «Der eine erzählt dem anderen gerade, was er gelernt hat. Aber was ist das: Es fliegt durch die Luft, macht ‹quak, quak, quak› und hat sechs Beine?»
«Drei Papageien!» sagt Paul sofort.
«Falsch», antwortet Elfi. «Das ist ein Storch, der einen Frosch im Schnabel hat.»
«Aber der Storch kann doch gar nicht ‹quak, quak› machen», wendet Paul ein.
«Wieso nicht?»
«Weil ihm ja sonst der Frosch aus dem Schnabel fällt.»
«Der Storch quakt ja auch gar nicht, sondern der Frosch. Er schreit um Hilfe», sagt Elfi.
«Der Ärmste», sagt Paul mitleidig. «Den müßte man eigentlich retten.»
«Nicht mehr nötig!» sagt Elfi doppeldeutig. «Jetzt darfst du übrigens was fragen.»
Paul überlegt. Schließlich fragt er. «Was ist das: Es fliegt durch die Luft, und wenn es landet, erzählt es Geschichten?»
«Das», sagt Onkel Florian, der gerade landet, «das ist ein Rätsel! Und weil wir schon mal bei Rätseln sind: Warum erfinden wir nicht einmal zur Abwechslung Rätsel?»

«Das tun wir ja sowieso», sagt Elfi.

«Sehr gut», sagt Onkel Florian. «Welche Sorte ist denn gerade dran?»

«Die Sorte, bei der einer eine Frage stellt und ein anderer die Antwort herausbekommen soll», erklärt Paul eifrig.

Onkel Florian muß lachen. «So war die Frage nicht gemeint. Ich wollte wissen, ob ihr bei den Kapselrätseln, den Silbenrätseln, den Umstellrätseln oder bei irgendeiner anderen Sorte seid.»

«Ich weiß gar nicht, daß es verschiedene Sorten gibt», gesteht Elfi.

«Ich auch nicht», sagt Paul.

«Dann machen wir's wie beim Geschichtenerzählen», sagt Onkel Florian. «Erst stellen wir fest, welche Sorten es gibt, dann erfinden wir von jeder ein Rätsel.»

«Lieber zwei», schlägt Elfi vor.

«Weil Rätsel doch viel kürzer sind als Geschichten», erklärt Paul.

«Na gut», sagt Onkel Florian. «Es gibt also verschiedene Arten von Rätseln. Und jede hat sogar einen Namen. Es gibt Scharaden, Homonyme, Anagramme . . .»

«Ach, du liebe Zeit», unterbricht Paul, als er die Fremdwörter hört. «Ich glaube, wir erfinden doch keine Rätsel. Das ist mir zu schwer.»

«Du darfst dich durch solche Namen nicht abschrecken lassen», sagt Onkel Florian lachend. «Die hat man halt für verschiedene Rätselarten erfunden. Früher hat man viel öfter und mit viel größerer Begeisterung Rätsel gelöst. Es gab noch kein Fernsehen, und die Zeitungen erschienen höchstens einmal in der Woche. Da hatte man noch Zeit und Lust dazu. Nicht etwa nur Kinder haben Rätsel gelöst. Im letzten Jahrhundert, zum Beispiel, haben viele Dichter, die für Erwachsene schrieben, eine ganze Menge Zeit darauf verwendet, sich Rätsel auszudenken. Die wurden in Zeitschriften veröffentlicht, und alle Leser waren aufgefordert, die Lösung zu finden. Manche waren so schwierig, daß sich die ganze Fachwelt seitenlange Briefe dazu schrieb und die Studenten an den Universitäten nicht zum Studieren kamen, weil jeder das neue Rätsel lösen wollte. Die richtige Lösung wurde erst ein Jahr später veröffentlicht. So lange hatten die Leute Zeit, sich darüber die Köpfe zu zerbrechen.»

«Du redest genau wie ein Lehrer», sagt Elfi.

190 «Wirklich?» fragt Onkel Florian schuldbewußt. «Dann laß uns mal lieber gleich anfangen.»

«Wie hießen die komischen Rätsel, die du vorhin gesagt hast? Kilogramme?» fragt Paul.

«Anagramme!» sagt Onkel Florian und erklärt die verschiedenen Rätselarten.

1. Anagramme

Das sind Rätsel, bei denen man im Rätselwort Buchstaben umstellen muß, damit man ein neues Wort bekommt.

Beispiel: Das erste gesuchte Rätselwort ist «Lampe». Wenn man den ersten Buchstaben an den Schluß stellt, entsteht das zweite Rätselwort: «Ampel».

2. Homonyme

Das sind Rätsel, bei denen die gesuchten Rätselwörter gleich lauten, aber verschiedene Bedeutung haben können. (Wie beim Teekessel-Spiel.)

Beispiel: «Hahn». (Der Wasserhahn und das Tier.)
Oder «Blatt». (Ein Blatt am Zweig oder ein Blatt Papier.)

3. Scharaden

Das Rätselwort wird dabei in Silben zerlegt, die eine eigene Bedeutung haben.

Beispiel: Gefragt wird nach «Hand» und nach «Ball». Das ergibt das gesuchte Wort «Handball».

4. Logogryphe

Durch Ändern eines Buchstabens ergibt sich ein neues Wort.

Beispiel: *Lager – Nager – m*ager.

191

5. Kapselrätsel

Innerhalb des Rätselwortes ist ein anderes versteckt. Manchmal sind sogar mehrere versteckt.

Beispiel: In «Schlange» das Wort «lang». (Sch – lang – e) Oder in «Kniestrumpf» die Wörter «nie» und «Trumpf».

6. Palindrome

Das sind Rätsel, die besonders schwer zu erfinden sind. Das Rätselwort muß man dabei sowohl vorwärts als auch rückwärts lesen können. Dabei kann das Wort entweder gleichbleiben, oder es kann ein neues Wort entstehen.

Beispiel: Anna – Anna. Retter – Retter. Rennen – Nenner.

Und nun folgen die Rätsel, die Onkel Florian, Elfi und Paul an einem Nachmittag harter Kopfarbeit erfunden haben. Von jeder Sorte sind es mindestens zwei.
Die Rätsel sind ganz unterschiedlich schwer. Manche sind so, daß sie schon Achtjährige erraten können. Manche so, daß wahrscheinlich Vierzehnjährige lange überlegen müssen, wenn sie auf die Lösung kommen wollen.

Anagramme:

Rätsel Nr. 1

Was für ein Tier
gackert denn hier?
Setz ihm den Kopf
hinter den Schwanz!
Rückwärts gelesen
wird's wieder ganz.

Rätsel Nr. 2

Die letzte Type
vom *ersten* Wort
sitzt bei dem *zweiten*
am Anfang sofort.
Wort eins: Eine Schrift,
sie schreibt sich sehr schnell.
Wort zwei: Eine Richtung.
(Dort wird's morgens hell.)

Homonyme:

Rätsel Nr. 3

Du säßest jetzt kaum hier,
hätt mich dein Auto nicht.
Doch bin ich auch ein Tier,
das Pferd und Menschen sticht.

Rätsel Nr. 4

Unterteil von Schiff und Feder,
eine schöne Ostseestadt –
daß man für so viele Dinge
einzig *einen* Namen hat!

Scharaden:

Rätsel Nr. 5

Das erste Wort, das ist nicht REICH,
das zweite Wort ist nicht der RÜCKEN.
Von beiden such das Gegenteil,
dann wird die Lösung dir schon glücken.
Die beiden Wörter, eins plus zwei,
das nahm man einst zum Scheibenschießen.
(Doch leider ließ man's nicht dabei –
es diente auch zum Blutvergießen.)

Rätsel Nr. 6

Das Tier an seinem vordren Ende
hat Nummer 1, sonst könnt's nicht fressen.
Beim Handball hat so manches Mal
Wort Nummer 2 im Tor gesessen.
Die beiden Wörter nacheinander –
schon ist's ein Tier, das man nur nicht
sehr häufig sieht. Weil es viel lieber
im Dunkeln schaufelt als im Licht.

Rätsel Nr. 7

Die erste Silbe
steht zwischen Ef und Ha.
Zur zweiten Silbe
sind häufig Gäste da,
die essen, essen, essen . . .
Die beiden Silben zusammengenommen:
Das hat die Braut bei der Hochzeit bekommen.

Logogryphe:

Rätsel Nr. 8

Mit L umschließt's den Meeresarm,
an S ist jedes Meer nicht arm,
mit BR macht es den Menschen arm,
mit H ist es am Menschenarm.

Rätsel Nr. 9

Mit O vermißt man es nicht gern.
(Das gilt besonders für den Herrn
und für den Aufenthalt im Freien.)
Mit A verhindert's das Gedeihen
von ziemlich vielen Pflanzenarten.
(Darum hat man's nicht gern im Garten.)

Kapselrätsel:

Rätsel Nr. 10

Das zweite Wort ist im ersten versteckt.
Es dauert nicht lange, dann habt ihr's entdeckt:
Dem (Wort Nummer eins)
entreißt ihr Blatt für Blatt.
Bis dann im Dezember
die Sache ein (zweites Wort) hat.

Rätsel Nr. 11

Das erste Wort
hat in seinem Bauch
das zweite, das dritte,
das vierte auch.
Den ersten dreht man,
auf die zweite geht man,
auf dem dritten steht man
meistens nicht lange.
Dem vierten entschlüpften
Vogel und Schlange!

Palindrome:

Rätsel Nr. 12

Lehrling – Geselle – Vorarbeiter:
Mehr Stufen hatte sie nicht, seine Leiter.
Die besten Jahre in seinem Leben
hatte er an die Firma vergeben.
Jetzt ist er nur noch ein alter Mann,
der nicht mehr arbeiten will oder kann.
Jetzt ist er: Das Wort, das man raten soll.
(Es ist nicht besonders geheimnisvoll.)
Vorwärts wie rückwärts liest es sich gleich,
und wer das Wort ist, ist meistens nicht reich.

Rätsel Nr. 13

Sheriff Shark aus der Schlangenschlucht
hat mich letzte Woche besucht.
Der Sheriff, ein Mann in den besten Jahren,
kam nicht zu Fuß, aber auch nicht gefahren.
Er kam auf seinem Schimmel daher,
der trug am dicken Sheriff schwer
und hat – kaum waren sie eingetroffen –
den halben Brunnen leergesoffen.
Der Schimmel war Sheriff Sharks – – gewesen.
(Das Wort kann man vorwärts wie rückwärts lesen.)

Rätsel Nr. 14

Zwei Wörter soll man hier finden.
Lies das eine davon von hinten,
dann hast du das Wort Nummer zwo.
(Und umgekehrt ist es ebenso.)

Wort 1:

Der Landmann will in Ost und West,
daß Nummer 1 die Felder näßt.
Der Städter meint dagegen oft
(besonders wenn er unverhofft
in Nummer 1 kommt ohne Hut),
daß er im Grunde wirklich gut
auf Nummer 1 verzichten kann.
Doch dabei täuscht er sich, der Mann!

Wort 2:

«Vor Gott sind alle Menschen gleich,
drum künd ich dir vom Himmelreich!»
So spricht zu ihm der weiße Mann.
Wort Nummer 2 hört zu, und dann
beginnt die Wirkung dieser Lehren:
Wort Nummer 2 läßt sich bekehren.
Der Weiße freut sich. Wenig später
beginnt er Kupfer und Salpeter,
Gold, Diamanten, Zinn und Kohlen
aus dessen Land herauszuholen.
Wort Nummer 2 ist sehr erstaunt.
Der weiße Mann sagt gut gelaunt:
«Zwar sind dereinst im Himmelreich
die Menschen alle einmal gleich.
Doch hier sind manche etwas gleicher.
Ihr seid die Armen. Wir sind reicher.»
(Wort Nummer 2 ist von dem Mann
in Zukunft wenig angetan.)

Die Rätsel-Lösungen:

Nr. 1: Henne, enne-H
Nr. 2: Steno, Osten
Nr. 3: Bremse
Nr. 4: Kiel
Nr. 5: Arm, Brust, Armbrust
Nr. 6: Maul, Wurf, Maulwurf
Nr. 7: Ge, Mahl, Gemahl
Nr. 8: Land, Sand, Brand, Hand
Nr. 9: Hosen, Hasen
Nr. 10: Kal-ende-r: Kalender, Ende
Nr. 11: Kreisel, Reise, Eis, Ei
Nr. 12: Rentner
Nr. 13: Reittier
Nr. 14: Regen – Neger

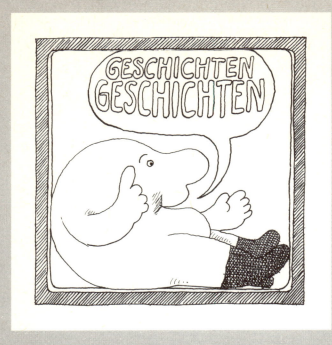

Onkel Florian erzählt Geschichten

Der Preis und Professor Lemmings Fund

«Heute sollten wir mal wieder Geschichten erzählen», sagt Paul zu Elfi.
«Das finde ich auch», antwortet sie.
Und kaum ist Onkel Florian gelandet und aus dem Flugzeug geklettert, da stürmen sie auch schon auf ihn zu, ziehen ihn mit sich und rufen: «Onkel Florian! Onkel Florian, heute sollten wir mal wieder ...»

«Langsam! Beim dreimal gedrehten Propeller: Langsam! Laßt mich erst festen Boden unter die Füße kriegen!» unterbricht er sie. «Ich bin doch kein Düsenjäger. Zunächst wollen wir uns in aller Ruhe hinsetzen. – Übrigens meine ich, daß wir heute mal wieder Geschichten erzählen sollten. Was meint ihr dazu?»
«Was meinst du dazu?» fragt Elfi und blinzelt Paul zu.
«Überredet!» sagt er. Und so werden an diesem Nachmittag Geschichten erzählt.
«Einige Arten von Geschichten können wir schon streichen», sagt Onkel Florian. «Wir müssen überlegen, welche Art es heute sein soll. Was bleibt eigentlich noch übrig?»
«Am liebsten würde ich eine Schelmengeschichte hören», sagt Elfi.
«Was ist denn ein Schelmen?» fragt Paul.
«Ein Schelm», verbessert Elfi. Onkel Florian erklärt: «Das ist ein altertümlicher Ausdruck. Heute würde man wahrscheinlich ‹Gauner› dazu sagen.»
«Eine Gaunergeschichte will ich auch hören!» sagt Paul befriedigt. «Wieso sagt Elfi Schelmengeschichte dazu?»
«So steht es in unserem Lesebuch», erklärt Elfi. «Da ist eine Schelmengeschichte, die heißt ‹Die drei Diebe›. Das sind der Zundelheiner, der Zundelfrieder und der rote Dieter. Die sind Diebe und machen

immer Wettstreite», fährt sie fort. «Diese Geschichte gefällt mir am besten.»

«Heißt das, daß ich ‹Die drei Diebe› aus eurem Lesebuch vorlesen soll?» fragt Onkel Florian.

«Nein! Natürlich nicht, die kenn ich doch schon», widerspricht Elfi. «Aber vielleicht fällt dir so eine ähnliche ein.»

«Na gut», sagt Onkel Florian, nachdem er eine Weile überlegt hat. «Ich werde eine Geschichte erzählen, die so ähnlich ist wie ‹Die drei Diebe›. Aber sie spielt natürlich in unserer Zeit.»

«Sehr gut», sagt Paul. «Wie heißt sie denn?»

Onkel Florian lacht: «Sie heißt: ‹Die drei Diebe oder Der Preis›.»

«Der Titel ist zu lang so», findet Paul. So heißt die Geschichte nur:

Der Preis

Heiner und Frieder Zundel hatten eigentlich das Handwerk ihres Vaters gelernt, der sich als Taschendieb einen guten Namen gemacht hatte und in Fachkreisen wohlbekannt war.

Wie alle Taschendiebe hatten sie eine harte Lehrzeit hinter sich, in der sie stundenlang üben mußten, wie man schnell, geräuschlos und ohne auffällige Bewegung Gegenstände aus den Hosen- und Jackentaschen anderer Leute zieht. Natürlich übten sie zuerst an einer Kleiderpuppe. Später wurde die Schwierigkeit dadurch erhöht, daß der Vater an der Jacke und der Hose der Kleiderpuppe kleine Glöckchen befestigte. Sie mußten dann die Gegenstände an sich bringen, ohne daß die Glöckchen bimmelten. Als auch das zur Zufriedenheit des Vaters ging, durften sie an Berufskollegen üben.

Ihre Gesellenprüfung bestand darin, daß sie ihrem Onkel die Krawatte und einem Kollegen die Hosenträger wegnehmen mußten, ohne daß die beiden etwas davon merkten. Sie bestanden ihre Prüfung mit Auszeichnung. Heiner Zundel klaute seinem Opfer nicht nur die Krawatte, sondern auch gleich die Armbanduhr, und Frieder Zundel ließ mit den Hosenträgern auch gleich die Brieftasche und ein Taschentuch mitgehen. (Alles natürlich, ohne daß die Bestohlenen etwas ahnten.)

Darauf bekamen sie ihre Arbeitserlaubnis und durften in vollbesetzten Straßenbahnen anderen Fahrgästen die Geldbörse aus der Hosentasche angeln oder auf der Straße gegen andere Fußgänger prallen und ihnen – während sie sich dafür entschuldigten – die Brieftasche aus der Jacke holen.

Aber die Brüder waren ehrgeizig und wollten bald höher hinaus. Zu den Geldbörsen und Brieftaschen kamen langsam Handtaschen, aus Handtaschen wurden Aktentaschen, und schließlich klauten sie sogar Kisten, Reisetaschen und Schiffskoffer.

In dieser Zeit stieß Dieter Rot zu ihnen, ein alter Schulfreund, der wie sie als Taschendieb gearbeitet hatte und wie sie höher hinaus wollte. Die drei taten sich zusammen und überboten sich bald an diebischen Meisterleistungen. Wenn Heiner ein Motorrad geklaut hatte, kam Dieter am nächsten Tag bestimmt mit einem Auto und Frieder einen

Tag später mit einem Omnibus an. Wenn es nichts zu stehlen gab, so übten sie untereinander und stellten sich kleine Aufgaben, um nicht aus der Übung zu kommen.

Ihr Meisterstück machten die drei, als sie, als Bahnbeamte verkleidet, eine Dampflokomotive stahlen, sie über die Schweizer Grenze schmuggelten und sie dort einem Millionär verkauften, der sie für seine Eisenbahnsammlung dringend brauchte.

So war es kein Wunder, daß sie auf die Idee mit dem Klauwettstreit kamen, als sie Priscilla Minetti kennenlernten. Priscilla Minetti war die Tochter des Chefs der italienischen Wettbetrüger und außerdem ein sehr schönes junges Mädchen. Sie war auf einem vornehmen englischen Internat erzogen worden und machte nun – nach Abschluß der Schule – mit ihrem Vater eine kleine Europareise.

Die drei lernten Priscilla auf einer Hotelterrasse kennen und verliebten sich auf der Stelle in sie.

Wenn Priscilla sie ansprach, wurden sie rot wie kleine Kinder, die man bei etwas Verbotenem ertappt, sie stotterten und gaben falsche Antworten. Sie waren immer noch ganz verwirrt, als sie sich hinterher einen Fiat klauten, um heimzufahren.

«Priscilla ist sehr schön», sagte Heiner Zundel, als sie im Auto saßen.

«Und auch sehr klug», sagte Frieder Zundel versonnen, während er fast auf das Auto aufgefahren wäre, das vor ihnen bremste.

«Ich glaube, ich werde sie heiraten», sagte Dieter Rot.

«Nein, ich!» sagte Heiner Zundel.

«*Ich* werde sie heiraten!» sagte Frieder Zundel.

Und damit hatten die drei ihren ersten ernsthaften Streit. So heftig, daß sie sich fast für immer getrennt hätten.

Aber schließlich siegte doch die Vernunft. «Es kann sie nur einer heiraten», sagte Frieder. «Wir wollen einen Wettbewerb machen. Der Beste soll Priscilla als Preis bekommen.»

«Was für einen Wettbewerb?» fragte Dieter Rot.

«Natürlich einen Klauwettbewerb», sagte Heiner Zundel. «Wir geben einander ein paar Tage Zeit. Sagen wir: drei Tage. Und wer bis dahin das Beste und Originellste gestohlen hat, soll Priscilla bekommen.»

«Einverstanden», sagte Frieder, und Dieter nickte zögernd. Darauf trennten sich die drei.

Am nächsten Abend klingelte es an der Tür von Heiner Zundel. Sein Bruder Frieder stand draußen und sagte: «Komm mal heraus! Ich muß dir etwas zeigen.»

Am Straßenrand stand ein dunkles, glänzendes Auto.

«Das ist ja ein Rolls-Royce!» sagte Heiner staunend. «Wo hast du das Auto her?»

«Geklaut!» sagte Frieder stolz. «Und ich glaube nicht, daß *das* einer von euch überbieten kann. Es ist nämlich das teuerste Auto in der ganzen Stadt und der einzige Rolls-Royce dazu. Er gehört dem Konsul Schwesich. Einen halben Tag habe ich gebraucht, bis ich herausbekommen hatte, wer hier den teuersten Wagen fährt, und eine Viertelstunde, bis ich die Autoschlüssel hatte!»

«Wie denn?» fragte Heiner.

«Ich habe einem kleinen Jungen zehn Mark gegeben.»

«Das war alles?» fragte Heiner erstaunt.

«Nicht ganz. Er ist dem Konsul Schwesich ‹aus Versehen› mit seinem Roller zwischen die Beine gefahren, gerade als der sein Auto in die Garage gestellt hatte und in die Villa gehen wollte. Dabei sind beide gestürzt. Ich stand wie zufällig daneben, habe den Jungen ordentlich zusammengestaucht, dem Konsul wieder auf die Beine geholfen und ihm die Jacke saubergewischt. Wahrscheinlich hat er mich für den Vater des Jungen gehalten. Na ja, und als er ins Haus ging, hatte ich die Garagenschlüssel und den Autoschlüssel in der Hand. Du weißt ja, wie man so etwas macht. Ich brauchte nur die Garagentür aufzuschließen und nach einer Weile wegzufahren.»

«Nicht schlecht», sagte Heiner anerkennend. «Aber warum kommst du denn zu mir damit? Wir wollten doch erst in drei Tagen entscheiden, wer Sieger ist.»

«Weißt du», sagte Frieder und kratzte sich am Kopf. «Die Sache hat einen Haken. Meine Garage ist zu kurz. Ich bekomme die Tür nicht zu, wenn dieser lange Wagen drinnen steht. Vor meinem Haus kann ich ihn nicht stehenlassen, das siehst du doch ein. Und da deine Garage größer ist . . .»

«. . . willst du ihn bei mir unterstellen! Na gut, meinetwegen», sagte Heiner. «Es ist ja nur für zwei Tage.»

«Hast du schon etwas geklaut?» fragte Frieder neugierig.

205

«Nein», sagte Heiner ärgerlich. «Schließlich habe ich noch zwei Tage Zeit. Gute Nacht!»

«Gute Nacht», sagte Frieder und ging.

Am nächsten Morgen hatte Heiner einige eilige Besorgungen zu machen. Dann setzte er sich an die Schreibmaschine und schrieb einen Brief. Und schließlich holte er den Rolls-Royce aus seiner Garage, fuhr ihn geradewegs vor das Haus des Konsuls, stieg aus und verschwand schnell.

Konsul Schwesich hatte den Diebstahl gerade entdeckt und war dabei, die Polizei anzurufen, als er aus dem Fenster schaute und vor seinem Haus das gestohlene Auto stehen sah. Der Schlüssel steckte im Zündschloß, und hinter dem Lenkrad klemmte ein Brief:

Sehr geehrter Konsul Schwesich!
Ich bitte tausendmal um Verzeihung, daß ich Sie so in Schrecken versetzen mußte. Aber aus bestimmten Gründen mußte ich gestern abend unbedingt einen Rolls-Royce vorzeigen und habe mir deshalb erlaubt, mir Ihren für eine Nacht auszuleihen. Ich lege 20 DM für die von mir verursachten Benzinkosten bei und außerdem noch zwei Opernkarten für Sie und Ihre Gattin. Als kleine Entschädigung für den ausgestandenen Schrecken. Ich hoffe, Sie geben mir die Gelegenheit, mich heute abend in der Oper noch persönlich bei Ihnen zu entschuldigen!

Ihr ✳✳✳

Und als der Konsul und seine Frau an diesem Abend, wie erwartet, in die Oper gefahren waren, um den seltsamen Autodieb kennenzulernen, kam Heiner Zundel mit drei Freunden in einem kleinen Lastwagen vor die Villa gefahren.

Er öffnete mit einem Dietrich die Tür, und sie speisten erst einmal im Speisezimmer des Konsuls zu Abend. Als sie genug gegessen hatten und die Weinflaschen leer waren, schoben sie seelenruhig und ungestört den Konzertflügel aus dem Musikzimmer, schafften ihn ins Lastauto und fuhren ihn zu Heiners Haus, wo sie ihn in der Garage verstauten.

Als die drei Tage vergangen waren, kam Frieder erwartungsvoll bei seinem Bruder vorbei.

«Gib es zu: Ich habe gewonnen!» sagte er siegessicher. «Was kann man Besseres stehlen als das beste Auto in der ganzen Stadt.»

«Da bin ich nicht so sicher», sagte Heiner und zeigte seinen Konzertflügel vor.

«Ein Rolls-Royce ist mehr wert als ein Klavier», sagte Frieder verächtlich.

«Das vielleicht», sagte Heiner. «Aber es ist nicht besonders originell, ein Auto zu stehlen. Das kann jeder Halbstarke, der weiß, welche zwei Drähte man verbinden muß, um den Motor zu zünden. Aber einen zentnerschweren Konzertflügel aus einem Haus klauen, das bewohnt ist – das soll erst einmal einer nachmachen! Ich finde, daß ich der Sieger bin.»

«Das soll Dieter entscheiden», sagte Frieder.

«Außerdem wollen wir sowieso nachsehen, was Dieter gestohlen hat», antwortete Heiner, und sie fuhren zu Dieter Rot.

Sie klingelten, aber niemand öffnete. Sie wollten noch einmal klingeln, da entdeckten sie den Brief, der in die Tür geklemmt war. «An Heiner und Frieder» stand darauf.

Frieder las vor.

Liebe Freunde! Ich weiß, Ihr werdet entsetzlich böse sein, wenn Ihr das hier lest, aber ich hoffe, Ihr könnt mir verzeihen.

Leider bin ich in den drei Tagen nicht dazu gekommen, irgend etwas zu stehlen. Den ganzen ersten Tag habe ich herumgesessen und nachgedacht, was ich klauen könnte, um Sieger zu werden. Aber mir ist nichts eingefallen, weil ich ständig an Priscilla denken mußte. Ich habe mir überlegt, daß es gar nichts nützt, wenn ich gewinne, weil ich ja nicht weiß, ob Priscilla mich überhaupt mag. Und um das herauszubekommen, bin ich vorgestern mit ihr spazierengegangen. Sie mochte mich anscheinend. Sonst wäre sie wohl nicht gestern mit mir tanzen gegangen und heute mit mir weggefahren. Seid nicht böse! Euer Dieter.

Und drei Wochen später bekamen die beiden eine Ansichtskarte mit einer ganz unbekannten Briefmarke darauf. Auf der Vorderseite sah

man Palmen und ein kleines Schiff. Auf der Rückseite stand:
Herzliche Grüße aus Südamerika senden euch

Dieter und Priscilla Rot!

«Eigentlich sollte man sich ja ärgern», sagte Heiner, als sie die Karte gelesen hatten. «Aber es ist schon gerecht so. Schließlich war Dieter ja der Sieger bei unserem Wettbewerb.»
«Wieso?» fragte Frieder erstaunt. «Davon weiß ich noch gar nichts. Das hast du mir gar nicht erzählt! Was hat er denn geklaut?»
Heiner lachte. «Das Beste, was man klauen konnte: Unseren Preis!»

«Die Geschichte hat mir so gut gefallen, daß du uns jetzt leider noch eine zweite erzählen mußt», sagt Paul, als Onkel Florian zu Ende erzählt hat.
«Ja, sie wurde noch gut», bestätigt Elfi. «Am Anfang war ich ja ziemlich sauer auf die drei in der Geschichte.»
«Weil es Diebe waren?» fragt Onkel Florian.
«Nein, das gehört doch zur Geschichte», sagt Elfi. «Ich war sauer, weil sie sagen, daß der Beste das Mädchen bekommen soll. So, als wäre es ein Preispokal. Ohne sie überhaupt zu fragen!»
«Deswegen hat sie ja auch den genommen, der dabei nicht mitgemacht hat», erklärt ihr Paul.
«Und das war richtig so», meint Elfi zufrieden.
«Welche Geschichte wollt ihr denn eigentlich noch hören?» mischt sich Onkel Florian ein.
«Nach einer lustigen müßte jetzt eigentlich eine traurige kommen...» überlegt Elfi.
«... oder eine spannende», meint Paul.
«... oder eine gruselige», fügt Elfi hinzu.
Und da gruselige Geschichten meistens auch spannend sind, einigen sie sich auf eine Gruselgeschichte.
«Ich habe da eine besonders gute Gruselgeschichte mit besonders gruseligen Bildern...» fängt Onkel Florian an.
«Fein!» meint Paul.
«Sehr gut», sagt Elfi.
«... aber leider hat sie einen besonders großen Fehler: Sie steht in einem alten Buch, das ich einmal aus Versehen auf dem Tisch im Garten liegenließ. Kurz darauf hat es geregnet. Und als ich das Buch wieder hereingeholt hatte, waren die einzelnen Blätter schon ziemlich aufgeweicht oder aneinandergeklebt. Jetzt fehlen einige Seiten ganz, manche sind so fest verklebt, daß man sie nicht auseinanderbekommt, und auf manchen Seiten steht nur noch ein Satz.»
«Och», meint Paul.
«Schade», sagt Elfi.

«Ich werde euch die Geschichte trotzdem vorlesen», sagt Onkel Florian. «Man kann sich nämlich ganz gut zusammenreimen, was zwischen den einzelnen übriggebliebenen Sätzen geschehen ist. Manchmal sind solche Geschichten viel aufregender. Und außerdem sind ja noch fast alle Bilder da.»

«Ich weiß schon», sagt Elfi. «Wenn man nicht genau erfährt, was eigentlich vorgeht, aber merkt, daß es etwas Schlimmes ist, dann stellt man sich immer das vor, vor dem man am meisten Angst hat.»

«Das war ein langer Satz», stellt Onkel Florian fest. «Und außerdem noch ein sehr richtiger!»

Dann holt er ein altes, schwarz eingebundenes Buch aus dem Flugzeug und blättert vorsichtig die zerfledderten, ausgerissenen Seiten um, bis er zur richtigen Stelle kommt.

Erst stellt er ihnen die Personen vor, dann die Geschichte.

Professor Lemmings Fund

Die Figuren in der Geschichte sind:

Professor Elmar Lemming

Professor Elmar Lemming hat vor einem Jahr eine kleine Erbschaft gemacht. Mit diesem Geld hat er sich einen alten Wunschtraum erfüllt: Er hat sich das alte Steinhaus am Rand der Stadt gekauft und das ganze Obergeschoß in ein richtiges Laboratorium umgebaut.
Jetzt kann er sich ungestört und ohne Geldsorgen ganz seinen Studien und Versuchen widmen.

Magda Lemming

Die junge Frau des Professors. Sie bedauert es sehr, daß ihr Mann seine ganzen Tage im Laboratorium verbringt. Sie fühlt sich in der fremden Stadt ziemlich einsam.

Lioba

Ein zwölfjähriges Mädchen. Elmar und Magda haben sie an Kindes Statt angenommen, nachdem Liobas Vater, der frühere Besitzer des alten Steinhauses, unter geheimnisvollen Umständen verunglückt war. Professor Lemming ist eigentlich der Großonkel der kleinen Lioba. Aber sie nennt ihn – auf seinen Wunsch – «Vater».
Lioba leidet unter einer merkwürdigen Krankheit: Sie ist Schlafwandlerin. Manchmal steht sie mitten in der Nacht auf und wandelt mit geschlossenen Augen durchs Haus. Dabei findet sie sich selbst bei völliger Dunkelheit zurecht und verletzt sich nie an Ecken und Kanten. Wenn man sie laut anruft, erwacht sie und kann sich nicht erinnern, wie sie aus ihrem Bett gekommen ist.
Fast immer enden ihre nächtlichen Ausflüge im hohen Kellergewölbe des alten Hauses. Ihre Pflegeeltern finden sie dann am nächsten Morgen schlafend auf einer eisernen Tür, die in den Kellerboden eingelassen ist.

«Elmar», sagte Madga leise. «Elmar, schläfst du schon?»

«Hm», sagte er schlaftrunken. «Was ist denn?»

«Elmar, kannst du nicht noch einmal in Liobas Zimmer gehen und nachsehen, ob sie in ihrem Bett liegt?»

«Meinst du, sie irrt wieder durchs Haus? Hast du etwas gehört?»

«Nein. Es ist mehr so ein Gefühl . . .»

«Na gut, ich schau noch mal nach», sagte er, schlüpfte in seinen Morgenrock und ging hinüber in Liobas Zimmer.

«Du hast recht», rief er halblaut von drüben. «Das Bett ist leer. Ich werde sie suchen.»

«Schau zuerst in den Keller», rief seine Frau aufgeregt. «Sie ist fast immer im Keller.»

Er nahm die Taschenlampe aus dem Regal und ging den Flur entlang zur Kellertür. Lioba schien wirklich dort unten zu sein, denn die schwere Holztür stand einen Spalt breit offen.

Es gab kein elektrisches Licht in dem uralten Keller. Elmar Lemming schaltete die Taschenlampe an und tastete sich die ausgetretenen Steinstufen hinab. Von unten hörte er schabende, kratzende Geräusche und ein angestrengtes Keuchen. Er ging schneller.

Lioba kniete am Boden neben der rostigen Eisentür und zerrte und kratzte vergeblich an dem schweren Riegel, der die Tür geschlossen hielt.

«Lioba, was machst du hier unten? Wieso schläfst du nicht?» fragte er. Er sprach leise, um sie nicht zu sehr zu erschrecken. «Die Tür kannst du nicht aufmachen. Die ist schon seit Hunderten von Jahren nicht mehr geöffnet worden. Alles eingerostet!» erklärte er.

Sie zerrte weiter an dem rostigen Riegel. Er beugte sich zu ihr hinunter und merkte erst jetzt, daß sie während der ganzen Zeit die Augen fest geschlossen hielt.

«Lioba!» rief er etwas lauter und rüttelte sie leicht an der Schulter.

«Sie . . . sie wollen raus», murmelte sie. «Sie wollen raus.»

«Du träumst, Lioba», sagte er sanft und rüttelte weiter an ihrer Schulter. «Wach auf! Du mußt zurück in dein Bett!»

Sie

sie wieder im Keller auf der Tür?» fragte seine Frau.

«Nein», sagte er. «Diesmal hat sie versucht, die Tür mit aller Kraft zu öffnen. Vielleicht hat sie das jedesmal getan, und wir haben sie immer erst gefunden, wenn sie erschöpft eingeschlafen war.»

«Was ist das eigentlich für eine Tür?» fragte Magda. «Warum ist sie im Fußboden? Führt sie irgendwohin, oder verdeckt sie nur eine Vertiefung im Boden?»

«Ich weiß auch nicht. Vielleicht haben wir da unten einen riesigen zweiten Keller, von dem wir noch gar nichts wissen.»

«Vielleicht einen Weinkeller mit Weinflaschen, die schon fünfzig Jahre alt sind», stellte sie sich vor.

«Wenn schon Weinflaschen, dann wären sie mehr als hundert Jahre alt. Die Tür sieht aus, als wäre sie seit Jahrhunderten nicht mehr geöffnet worden.»

«Eigentlich sollte

ein dumpfer, muffiger Geruch entgegen. Es schien ein schmaler Gang zu sein, den man da vor Hunderten oder gar Tausenden von Jahren in den Fels gemeißelt hatte. Er führte steil nach unten.

Zögernd ließ er sich in die Öffnung hinab und

dieses fast unmerkliche Leuchten, das von dem Gegenstand ausging. Trotz der Feuchtigkeit ließ er sich auf die Knie nieder, um das merkwürdige Ding zu befühlen. Zu seinem Erstaunen fühlte es sich warm an. Es war glatt und rund wie ein riesiges Ei. Er tastete seine Taschen ab. Es dauerte lange, bis er mit zitternden Fingern die Streichhölzer gefunden hatte.

«Lioba, schließ die Augen, ich zünde ein Streichholz an!» warnte er sie. «Dreh dich um!»

Sie antwortete nicht.

«Lioba?» fragte er.

Als er wieder keine Antwort erhielt, zündete er kurzentschlossen das Streichholz an.

Lioba schrie auf. Und Professor Lemming sah

es auf den Tisch!» sagte Magda. «Aber nicht hier. Ich will das Ding hier nicht haben. Leg es in dein Laboratorium! – Was hast du nur mit Lioba gemacht? Sie ist ja bleich wie der Tod! Bist du krank, Lioba? Hast du Fieber?»

«Nein, Mama», sagte Lioba leise. «Es sitzt

«Zu spät», sagte er tonlos und wies auf das offene Fenster. Lioba schaute ihn fragend an. Sie schien den gestrigen Vorfall völlig vergessen zu haben. Er wies auf die Schalen und sagte erklärend: «Ich muß sie untersuchen. Vielleicht geben sie Aufschluß

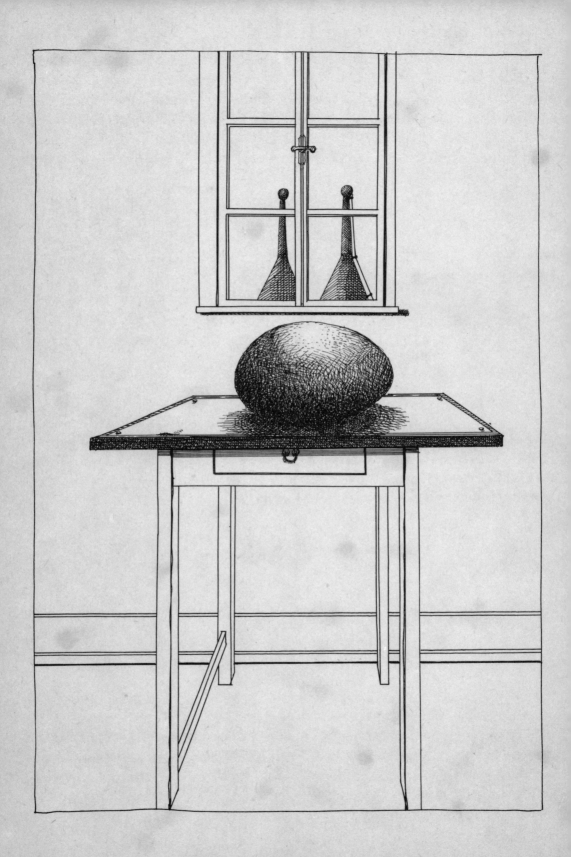

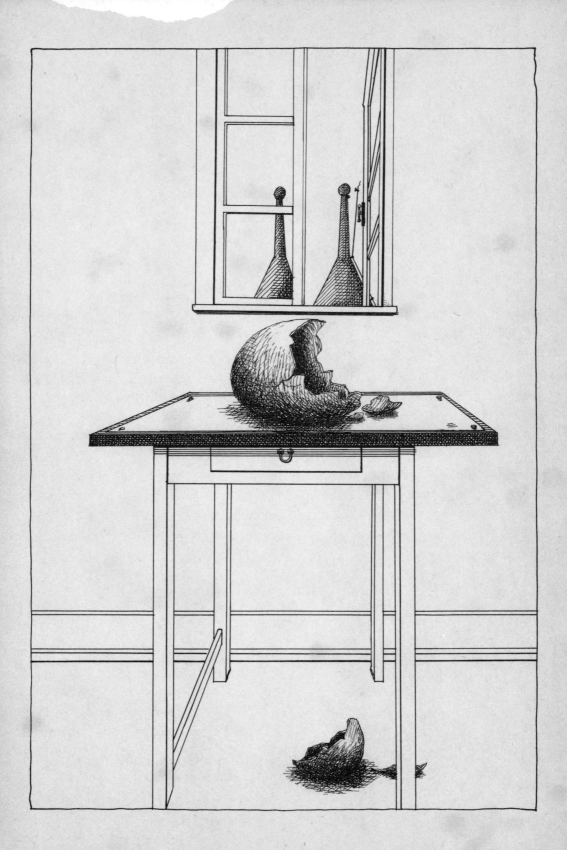

«Nein, dort!» schrie Lioba und wies auf den Platz. Er schaute ihrem ausgestreckten Zeigefinger nach. Da waren nur ein paar Pfützen, die der abendliche Regen auf dem Platz zurückgelassen hatte. Ratlos schüttelte er den Kopf. «Was?» fragte er. «Ich kann nichts sehen.»

Lioba schüttelte gleichfalls den Kopf. «Es ist weg», sagte sie verwirrt. «Es ist wie gestern nacht. Es ist weg.»

«Du hast dich eben wieder einmal getäuscht», beruhigte er sie. «Du hast eine zu große Einbildungskraft. Du meinst die Dinge wirklich zu sehen, die du dir nur einbildest, und wunderst dich, wenn die anderen sie nicht sehen können.»

«Nein», sagte sie eigensinnig. «Ich habe mich nicht getäuscht. Gestern nicht und heute auch

denn wie mußte der Mensch aussehen, der so seltsame Kleidungsstücke trug! Der Mensch?

Sie mußte ganz schnell ihre Mutter holen. Auch wenn sie schimpfen würde, weil sie sich schon wieder in das leerstehende Haus geschlichen hatte. Aber jetzt konnte Lioba endlich beweisen, daß es nicht nur Einbildung gewesen war. Sie war nicht überspannt. Hier war der Beweis!

«Mama!»

Magda Lemming blickte auf und sah ihre Tochter oben am Fenster des Nachbarhauses.

«Lioba!» rief sie. «Wie oft habe ich dir schon gesagt, daß du nicht in Nr. 18 . . .»

«Bitte, Mama!» unterbrach Lioba sie. «Mama, du mußt kommen! Schnell!»

«Wieso? Ist

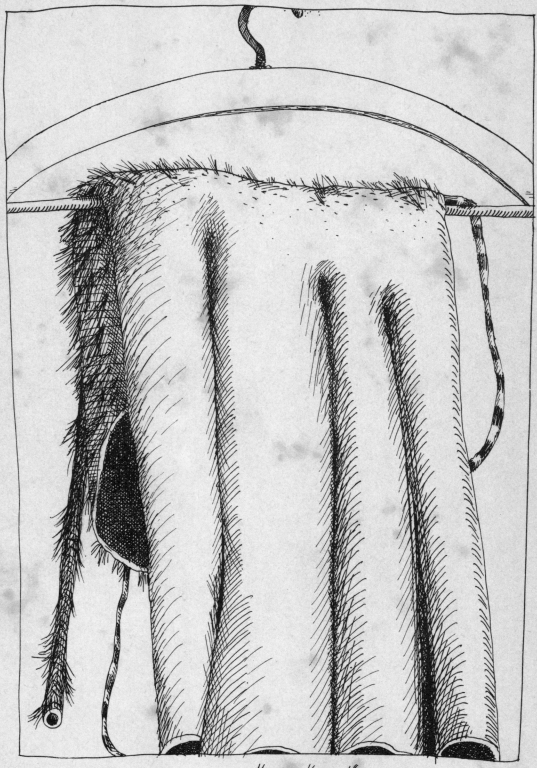

„Мама, мама!"

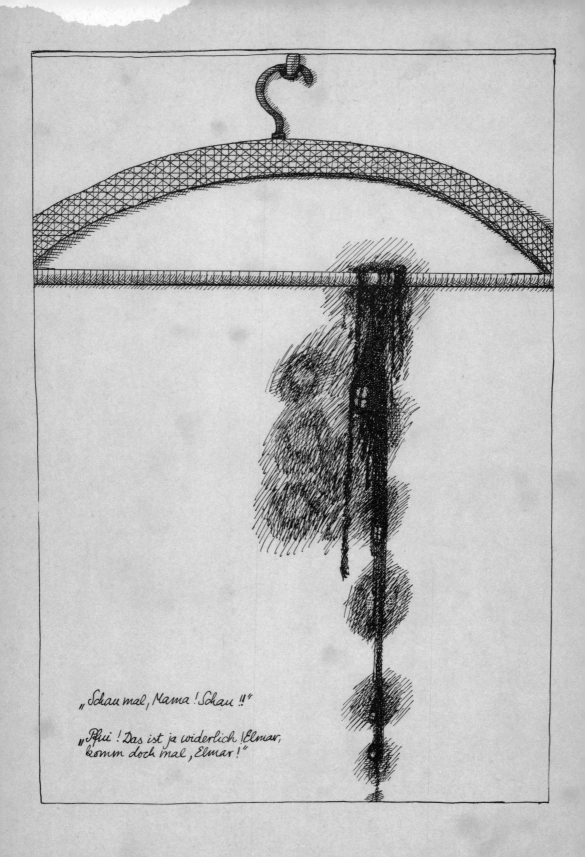

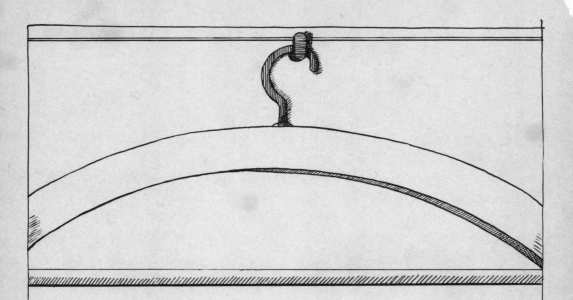

"Ich fürchte langsam, ihr verliert jetzt beide den Verstand! Magda, Lioba! Das ist doch nichts als ein feuchter Fleck auf der Wand!!! Was sucht ihr überhaupt hier drüben in Nummer 18? Das Haus steht doch leer."

«Das ist der neue Bewohner von Nr. 18, der nur nachts auf die Straße geht», flüsterte Magda ihrem Mann zu.

Er versuchte, die dunkle Gestalt besser zu erkennen, aber sie war schon im Schatten des Torbogens verschwunden.

«Warum hat Lioba nur so ein Interesse an diesem Mann?» fragte er.

«Woher willst du überhaupt wissen, daß es ein Mann ist?» fragte sie zurück.

«Was denn sonst? Eine Frau?»

«Nein», sagte sie schaudernd. «Ich

nur ein Blick durch die halbgeöffnete Tür. Aber dieser kurze Blick hatte ihr gezeigt, daß Lioba recht hatte. Irgend etwas stimmte nicht in Nr. 18. Sie tastete nach dem Schlüssel in ihrer Jackentasche. Es war unrecht, das wußte sie. Aber sie wollte endlich Gewißheit

wollte schon den Raum verlassen, als sich plötzlich die Schrank-
tür leise bewegte. Sie

überhaupt keinen Zweifel: Sie hatten sich seit dem letzten Mal vermehrt!

Entschlossen schaltete Professor Lemming den Elektromagneten ein. Sie wurden jäh

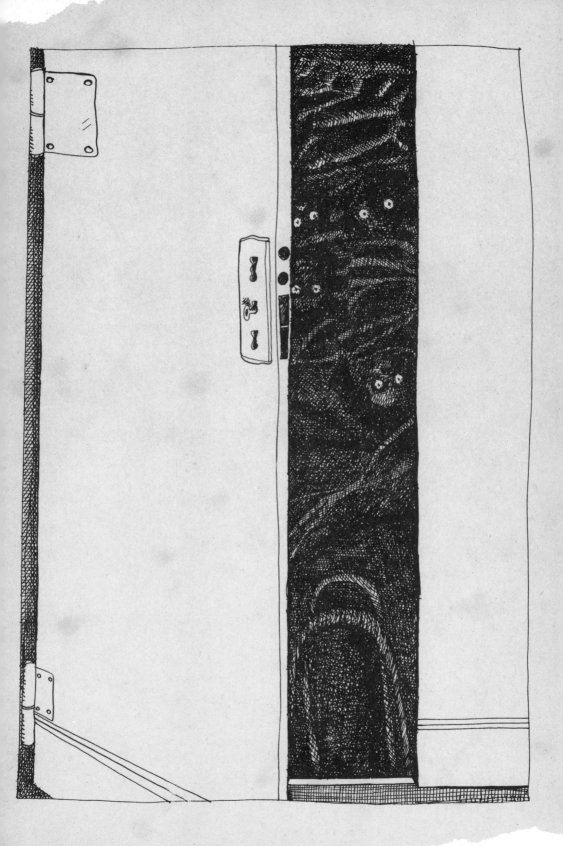

splitternd die Tür zur Veranda.
Professor Lemming stürzte hinter der Säule hervor. Es war schon fast zu spät. Es waren mehr als beim letzten Mal. Trotzdem

Alle Zimmer waren leer.
Türen und Fenster standen offen, Stühle lagen umgekippt am Boden, das Bild der alten Frau war aus dem Rahmen gerissen worden und hing über dem umgestürzten Sessel.
Die Bewohner mußten das Haus in panischer Angst verlassen haben.
«Niemand da», sagte Lioba und wollte eintreten.
Aber Professor Lemming hielt sie zurück.
«Warte!» sagte er. «Vielleicht ist das so etwas wie eine Falle.» Er suchte nach einer Steckdose, um den Elektromagneten einzuschalten.
«Kein Strom!» sagte er. «Ich glaube, wir gehen besser nicht

hier unten!» schrie Magda. «Sie sind hier unten!»
«Schau sie nicht an!» schrie Lioba. «Du darfst sie nicht ansehen, hat Papa gesagt, dann können sie dich nicht

in letzter Sekunde!» sagte er erleichtert.

«Einen Augenblick später und . . .» Sie brach mitten im Satz ab und schüttelte sich. «Lieber nicht daran denken», fügte sie hinzu.

«Aber ein Gutes hat die Sache doch gehabt», meinte Professor Lemming. «Seitdem sind

nie mehr eine Spur.

Sie blieben für immer verschwunden.

Lesestoff für Analphabeten

Das sind Leute, die nicht lesen und schreiben können

Onkel Florian hat sich zu Elfi und Paul an den Tisch gesetzt, Papier und Federhalter zurechtgelegt und will gerade anfangen zu zeichnen, als ein kleiner Junge hereinmarschiert kommt, auf die Bank steigt und Onkel Florian über die Schulter guckt.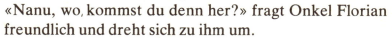
«Nanu, wo, kommst du denn her?» fragt Onkel Florian freundlich und dreht sich zu ihm um.
«Das ist der kleine Tilmann Schlaich von nebenan», sagt Paul. «Der soll wieder gehen. Der ist noch viel zu klein für so was. Das versteht der noch gar nicht.»
«Mann, du bist vielleicht doof!» schimpft Elfi. «Nur weil du ein paar Jährchen älter bist, willst du den Kleinen nicht dabeihaben. Warum soll er denn nicht zusehen dürfen?»
«Der stört doch nur», behauptet Paul.
«Wieso denn?» fragt auch Onkel Florian.
Paul versucht sich zu verteidigen. «Weil . . .» Er überlegt. Schließlich fällt ihm ein Grund ein: «Weil er doch noch gar nicht lesen kann. Der ist doch erst fünf geworden.»
«Wir könnten ja auch zeichnen», meint Elfi.
«Und außerdem . . .» sagt Onkel Florian und lacht, weil ihm ein guter Gedanke gekommen ist. «Und außerdem könnten wir ja so schreiben, daß es auch der Kleine lesen kann.»
«Du meinst: So deutlich?» fragt Paul. «Das hat überhaupt keinen Zweck. Der kennt keinen Buchstaben. Der kann nicht einmal ein ganz kurzes Wort lesen.»
«Wetten?» fragt Onkel Florian.
«Da wette ich mit dir um . . .» antwortet Paul. Aber Onkel Florian unterbricht ihn.
«Halt, lieber nicht! Es ist nämlich ein Trick dabei», sagt er. Dann schreibt er ein Wort auf das Papier und zeigt es dem kleinen Tilmann. «Was steht denn hier?» fragt er.
Der Kleine betrachtet das Wort kurz, strahlt und sagt: «Krokodil!»
«Wenn du es *so* schreibst, kann er es natürlich lesen», mault Paul.

Elfi lacht. «Das ist eine sehr gute Idee!» Sie nimmt das Blatt und schreibt ein neues Wort.

«Elefant!» sagt Tilmann, ohne zu zögern.

Jetzt bekommt auch Paul Spaß an der Sache.

«Und das?» fragt er, während er das neue Wort schreibt.

«Hase!» sagt Tilmann.

Damit haben sie ein schönes Spiel entdeckt und schreiben den ganzen Nachmittag Wörter für den kleinen Tilmann. Obwohl der ja angeblich überhaupt nicht lesen kann!

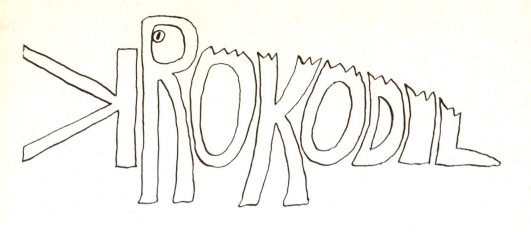

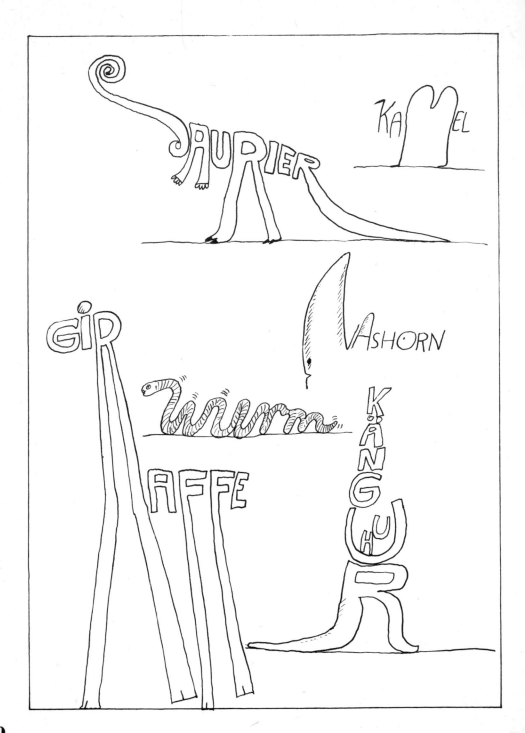

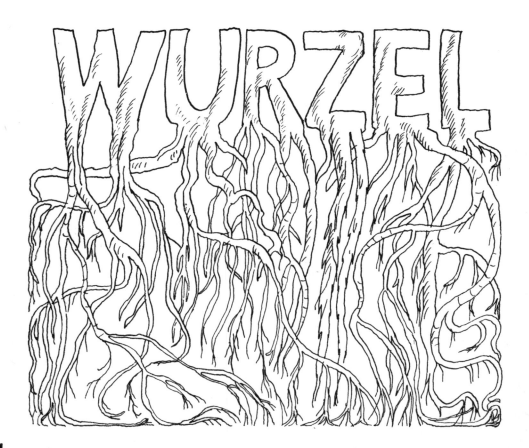

NACHT
VOLL
LEER
FETT
MAGER
TAG

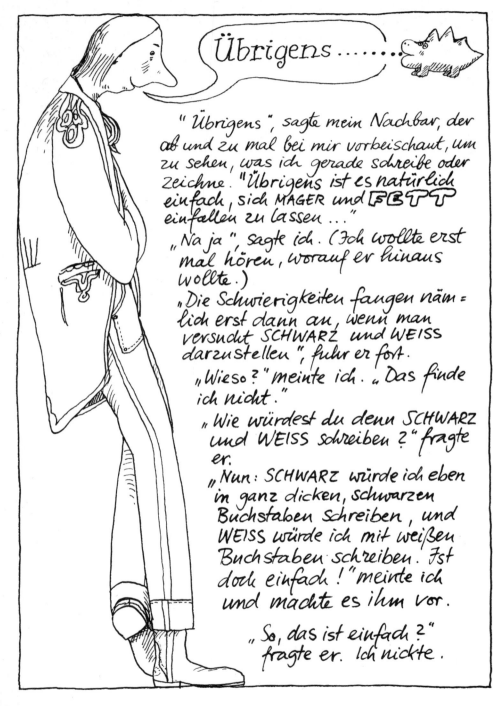

"Übrigens....."

"Übrigens", sagte mein Nachbar, der ab und zu mal bei mir vorbeischaut, um zu sehen, was ich gerade schreibe oder zeichne. "Übrigens ist es natürlich einfach, sich MAGER und **FETT** einfallen zu lassen..."

"Na ja", sagte ich. (Ich wollte erst mal hören, worauf er hinaus wollte.)

"Die Schwierigkeiten fangen nämlich erst dann an, wenn man versucht SCHWARZ und WEISS darzustellen", fuhr er fort.

"Wieso?" meinte ich. "Das finde ich nicht."

"Wie würdest du denn SCHWARZ und WEISS schreiben?" fragte er.

"Nun: SCHWARZ würde ich eben in ganz dicken, schwarzen Buchstaben schreiben, und WEISS würde ich mit weißen Buchstaben schreiben. Ist doch einfach!" meinte ich und machte es ihm vor.

"So, das ist einfach?" fragte er. Ich nickte.

246

„Darf ich dich darauf aufmerksam machen, daß jetzt auf einem weißen Blatt in dicken Buchstaben SCHWARZ steht und auf einem raben schwarzen Papier: WEISS!" sagte er. „Findest du nicht, daß das eine Lüge ist?"

„Du hast recht", sagte ich bestürzt. „So habe ich das gar nicht betrachtet. Ich muß es genau um=gekehrt machen!"

„Halt!" sagte er. „Dann steht da mit dicken weißen Buchstaben: SCHWARZ! Ob das wohl dann das richtige ist?"

„Hm", machte ich und dachte erst ein wenig nach. Dann fing ich an zu schreiben.

„Welche Möglichkeit wählst du denn jetzt?" fragte er ganz gespannt.

„Ganz einfach", sagte ich. „Ich wähle beide und lasse einfach die Leser entscheiden, welche sie besser finden!" . . . .

„Die armen Leser! Ich jeden=falls wüßte nicht, wofür ich mich entscheiden soll",
sagte er.
(Natürlich hatte er recht damit. Aber was soll ich anderes tun?)

schwarz
weiss
oder
schwarz
weiss
???

Schreib-
maschinen-
bilder

«Onkel Florian, was sollen wir heute tun?» fragt Elfi.
«Uns ist's nämlich langweilig», fügt Paul hinzu.
«Heute», überlegt Onkel Florian. «Heute ... heute ...» Er macht eine Pause und betrachtet nachdenklich die Propellerspitze. Elfi und Paul betrachten auch die Propellerspitze, gerade als könnte man es dort ablesen.

«Vielleicht könnten wir etwas aus Buchstaben ausschneiden», hilft Paul nach.
«Oder wieder Gedichte machen», sagt Elfi.
Onkel Florian schüttelt nachdrücklich den Kopf. Am liebsten schlägt er etwas Neues vor. Etwas, das die beiden noch nicht gemacht haben. Er hat auch schon eine Idee. Er holt seine Schreibmaschine aus dem Flugzeug und tippt:

```
H e u t e   z e i c h n e n   w i r   m i t   d e r

S c h r e i b m a s c h i n e !
```

«Du hast dich versprochen», sagt Paul.
«Verschrieben!» sagt Elfi und lacht über Onkel Florian und Paul.
«Wieso?» fragt Onkel Florian.
«Du hast geschrieben, wir zeichnen mit der Schreibmaschine», erklärt Paul und zeigt auf das Blatt.
«Und dabei meinst du doch, wir *schreiben* mit der Schreibmaschine», erklärt Elfi.
«Wieso?» fragt Onkel Florian noch einmal, spannt ein neues Blatt ein und fängt an zu tippen.
Paul versucht mitzulesen, was Onkel Florian schreibt. «mmmmmmmmmmmm», liest er vor und fragt sich, was das werden soll.
«Mensch, das wird ja ein Gesicht», ruft Elfi nach einer Weile. Und nach noch einer Weile ist das Gesicht fertig.

«So, jetzt kommt ihr dran!» sagt Onkel Florian und macht den Platz vor der Schreibmaschine frei.
Zuerst setzt sich Elfi hin. Sie tippt ein Auto und dann ein Männchen.

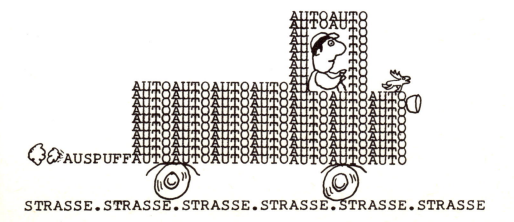

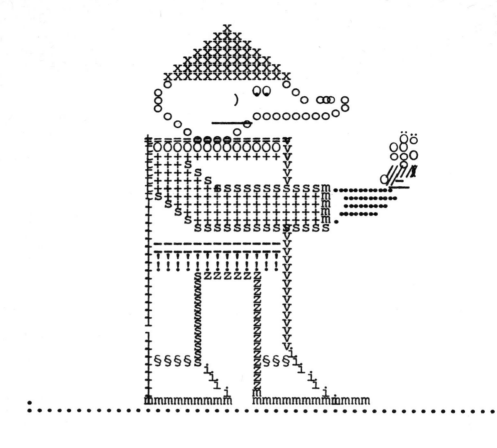

254 Dann ist Paul an der Reihe. Er fängt erst mal mit einem Muster an.

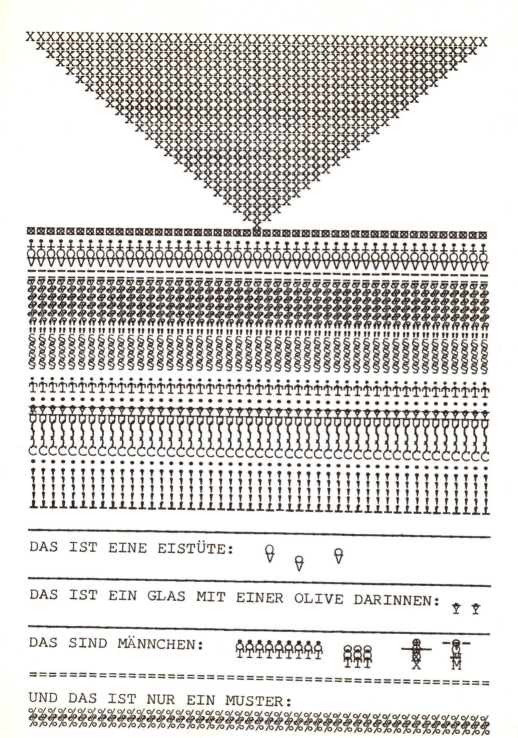

Dann tippt er nur noch Striche. Fast eine ganze Seite.

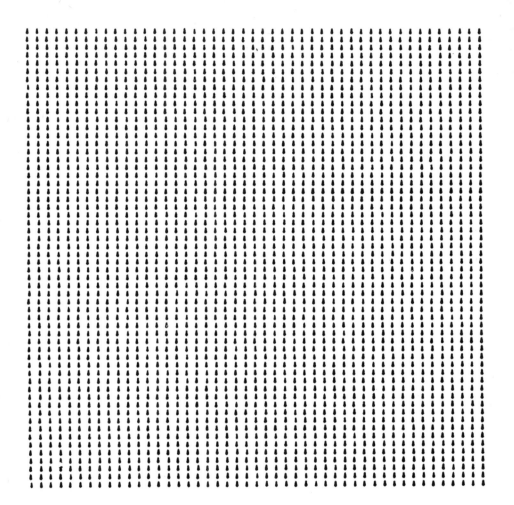

«So was Langweiliges», sagt Elfi. «Was soll denn das?»
«Das ist Regen», erklärt Paul. Und als ihm Onkel Florian das Männchen mit dem Schirm dazugemalt hat, findet auch Elfi das Bild gut.

«Na, siehst du», sagt Paul. «Außerdem ist mir eingefallen, wie man gleichzeitig schreiben und zeichnen könnte.»

«Du meinst, daß du tippst und Onkel Florian dazu zeichnet?» fragt Elfi.

«Nein. Wenn ich ‹gleichzeitig› sage, meine ich's auch so», sagt Paul.

«Ich soll gleichzeitig zeichnen, während du schreibst?» fragt Onkel Florian.

«Nein», erklärt Paul. «Ich meine, daß ich gleichzeitig zeichne und schreibe.»

«Das geht nicht», sagt Elfi.

«Wetten?» fragt Paul. Und während ihm Onkel Florian und Elfi gespannt über die Schulter sehen, tippt er Buchstaben für Buchstaben.

«Mann, das ist ja ein Baum», sagt Elfi, als er fertig ist.

«Mann, das ist ja ein Gedicht», sagt Onkel Florian gleichzeitig.

«Na, seht ihr», sagt Paul stolz. «Geschrieben und gezeichnet zugleich.»

```
              Einen König
         und   einen   Baum
       erkennt   man   ohne
         Krone      kaum!
       Der  Baum  ist auf
         die  Krone stolz
          und   auf   den
              Baum=
              stamm
              ganz
               aus
    ............. HOLZ!...............
```

Onkel Florian ist so begeistert, daß er auch gleich ein Baumgedicht zeichnet.

```
           König und
  Einen            einen Baum
  erkennt man ohne Krone kaum.
  Der Baum trägt seine Krone immer,
   Der König nimmt sie ab im Zimmer,
  wenn er mit seiner Frau allein.
   Die Frau reibt sie mit Putzfix ein,
  damit sie ja nicht rosten tut.
  (Das findet ihr Gemahl sehr gut.)
         Er ist auf seinen
              Stamm=
              baum
              stolz.
               Des
              Baumes
              Stamm
              besteht
!!!!!!!!!!!!!!!!!!!aus Holz.!!!!!!!!!!!!!!!!!!!
```

Und dann fallen allen dreien noch mehr gezeichnete Gedichte ein und am Schluß sogar ein kleines Rätsel:

．．．．．．　　．．　．．．．．　．　．．．　　　．．．　．．　　．．．．
　　　．．．　．．．．．．　　．．．．．　　．　．　．．．　．．　　．．

W
e
n
n

e
s

r
e
g
n
e
t
,
r
e
g
n
e
t'
s

o
f
t

plötzlich und ganz unverhofft!

Wenn es gewittert,
schlägt manchmal
der Blitz

in einen General.

A
u
s   d e r   W o l k
e

f
ä
l
l
t

d
e
r

R   D
e   .A
g   H   S
e   AC
n S   M
  DA   AC
A   H
U   T
F   K
A   R
U   AC
F   H

IM HAUS / HÄLT MAN'S AUS.

IM ZIMMER IST' S IMMER

TROCKEN./ DA BLEIBT   MAN

HOCKEN. IST DER REGEN AUS,
DANN   GEHT   MAN   R A U S !

FÜHRT DIE STRASSE UM DIE ECKEN, DANN KANNST DU EIN L ENTDECKEN!!!

VERZWEIGT SICH EINE STRASSE NIE, DANN BILDET SIE EIN GROSSES i !

VERZWEIGT DIE STRASSE SICH, MEIN SOHN, DANN BILDET SIE EIN YPSILON!!!

Rätselgedicht

WENN ES ??????????????
????????????????????
???????????????????
??????????????????
?????????????????
?????????????
????????????
                TUT EIN HUT
       ODER EINE MÜTZE GUT!

Onkel Florian erzählt Geschichten

Gescheite Leute und Sherles Holmocks schwierigster Fall

«Na, welche Geschichte ist denn heute an der Reihe?» fragt Onkel Florian.
«Sehr viele neue Arten gibt's nicht mehr», meint Paul.
«Ich weiß eine: Eine Schildbürgergeschichte», sagt Elfi.
«Was ist denn das schon wieder?» fragt Paul.
«Stehen denn keine Schildbürgergeschichten in eurem Lesebuch?» fragt Elfi erstaunt.

Paul schüttelt den Kopf.
«Mann, was habt ihr nur für Lesebücher!» meint sie altklug. «Keine Schelmengeschichten, keine Schildbürger!»
«Schimpf nicht so lange über Lesebücher, sondern erklär mir lieber, was ein Schildbürger ist», sagt Paul.
«Die Schildbürger stammen aus der Stadt Schilda und sind Leute, die nicht besonders hell sind», erklärt sie.
«Sind das also dunkelhäutige Menschen?» fragt Paul.
«Diese Frage hätte gut von einem Schildbürger kommen können», sagt Elfi. «Nein! Sie sind ein bißchen einfältig. Zum Beispiel haben sie ein neues Rathaus gebaut und hinterher festgestellt, daß sie die Fenster vergessen haben. Außerdem weiß man von ihnen, daß sie einmal Salz gesät haben, um im Herbst Salzpflanzen zu ernten, und ein andermal wollten sie angebliche Eselseier ausbrüten. Deswegen haben sie einen Schildbürger wochenlang auf einen Kürbis gesetzt.»
«Klingt recht witzig», meint Paul. «Onkel Florian soll ruhig so eine Geschichte erzählen.»
«Es ist eigentlich mehr ein Reisebericht als eine Geschichte», erklärt Onkel Florian. «Der Reisebericht eines Bürgermeisters. Und zwar eines Schildbürgerbürgermeisters. Den hatte man losgeschickt, damit er sich die Welt ansähe. Er sollte studieren, wie außerhalb von Schilda die Dörfer und Städte aussehen. Und falls er dabei etwas lernte, sollte er seinen zurückgebliebenen Schildbürgern gleich darüber berichten. Die Leute, die er auf seiner Reise traf, merkten gleich, was für ein Mensch der Bürgermeister war, und machten sich einen Spaß daraus, ihn nach Lützelhirn zu schicken. Dort könne er noch etwas lernen, sagten sie ihm.

Lützelhirn, man muß es leider sagen, ist von allen Hinterwäldler-Dörfern das hinterwäldlerischste. Und dazu noch das ärmste. Aber dem Schildbürgerbürgermeister erzählte man natürlich, es sei eine Mustersiedlung.

Die Leute hatten sich gedacht, er werde schimpfend aus Lützelhirn zurückkehren, und waren schadenfroh bei dem Gedanken, daß der arme Kerl den ganzen langen Weg nach Lützelhirn umsonst machte.

Aber es kam ganz anders: Der Bürgermeister erwartete ein Musterdorf. Und da er ein Musterdorf erwartete, fand er auch eines vor. Wie ja die meisten Leute nicht das sehen, was da ist, sondern das, was sie sehen wollen.

Jedenfalls kam er begeistert zurück, bedankte sich überschwenglich für den guten Tip und schrieb noch am Abend seinen Reisebericht:

Gescheite Leute

Liebe Mitschildbürger!

Die Leute hier in Schlaubach waren so nett, mich darauf hinzuwei-
sen, daß selbst ein Schildbürger im benachbarten Lützelhirn noch
etwas lernen kann. Ich muß gestehen, daß mir der Ausdruck "selbst
ein Schildbürger" sehr geschmeichelt hat. Deswegen bin ich heute
morgen in aller Frühe nach Lützelhirn gewandert. Und ich muß sagen:
Es hat sich gelohnt!

Ich will noch heute diesen Bericht schreiben, weil ich jetzt noch
alle Erlebnisse und Erfahrungen frisch im Gedächtnis habe. Wer weiß,
vielleicht wäre morgen schon manch wichtige Erkenntnis aus meinem
Gedächtnis entschwunden!

Wenn man von Schlaubach nach Klughausen wandert, zweigt gleich
hinter dem Tannenwäldchen rechts ein Weg ab. Das ist der Weg nach
Lützelhirn.

Schon gleich nach der Wegabzweigung hatte ich das erste Mal Gelegenheit, einen Beweis für den wunderbaren Scharfsinn der Lützelhirner zu entdecken: Der Wegweiser war nämlich morsch und krumm,
die Spitze abgebrochen, und die Schrift verblaßt und kaum noch zu
entziffern.

"Aha!" dachte ich mehrmals hintereinander. "Aha, man merkt, zu
welch gescheiten Leuten man da kommen wird. Andere stellen solide
Wegweiser auf und malen die Schrift alle zwei Jahre nach, damit man
sie gut lesen kann. Und was hat das für Folgen? Jeder freut sich
über den schönen Wegweiser, geht ihm nach, und bald ist das Dorf
von Fremden nur so überlaufen! Morgens schauen sie einem durchs
Fenster beim Kaffeetrinken zu, mittags kann es einem passieren,
daß aus Versehen fünf Fremde unter den Familienangehörigen am

Tisch sitzen, und nachmittags ist das Gedränge so gewaltig, daß man Angst haben muß, sie würden einem den Gartenzaun vom Sockel drücken und sich gegenseitig durch die Himbeerhecken schieben.

Wie anders dagegen ist es bei meinen klugen Lützelhirnern! Kein Mensch weiß, wie er in ihr Dorf kommen soll. So sind sie unter sich, haben ihre Ruhe und können in tiefstem Frieden ihr Mittags-schläfchen halten."

Unter solchen Gedanken ging ich den Weg nach Lützelhirn weiter.

Er wurde immer feuchter und morastiger. Erst sank ich nur knapp bis über die Schuhe ein. Das war sehr angenehm, weil es die Füße schön kühlte. Nach einer Weile sank ich bis zu den Knien in den feuchten Schmutz und freute mich über die lustigen Geräusche, die beim Gehen entstanden. Als ich schließlich bis zum Bauch im Schlamm steckte und weder vorwärts noch rückwärts konnte, hatte ich schon ein zweites Mal Gelegenheit, mich über die Klugheit der Lützelhir-ner zu wundern.

"Wie dumm sind doch andere Dorfbewohner!" dachte ich mitleidig. "Sie fahren Steine auf den Weg, kippen Sand darüber, manchmal auch noch Schotter, und einige ganz Dumme teeren sogar die Straße - nur damit man trockenen Fußes in ihr Dorf kommt.

Aber hier in Lützelhirn läßt man den Weg so, wie er ist. Erstens spart das viel Arbeit. Und zweitens bleibt ein Räuber, ein Dieb oder ein anderer Spitzbube, der trotz des fehlenden Wegweisers nach Lützelhirn will, unweigerlich vor dem Dorf im Schlamm stecken. So wird dort weder geräubert noch gestohlen, und die klugen Lützel-hirner können Abend für Abend ohne Furcht in ihr warmes Bett stei-gen."

Als ich ein paar Stunden so im Schlamm gestanden und über die Klugheit der Lützelhirner nachgedacht hatte, wurde es mir ein wenig langweilig. Auch waren meine Kleider bis zum Bauch völlig durchnäßt. Das war mir unangenehm, denn ich hatte Angst, meine Taschenuhr kön-ne anfangen zu rosten.

Deswegen rief ich mit lauter Stimme nach jemandem, der mich hätte herausziehen können.

In der Ferne konnte ich ein paar Häuser sehen. Sie waren so großartig gebaut, daß sie unbedingt zum Ort Lützelhirn gehören mußten: Bei einigen fehlten ein paar Ziegel im Dach, bei anderen fehlten mehr, so daß große Löcher entstanden waren. Schließlich entdeckte ich sogar welche, bei denen alle Ziegel fehlten und nur die Dachbalken in die Luft ragten.

"Was werden anderwärts doch für Unsummen ausgegeben, um in jedes Haus einen Schornstein zu bauen!" dachte ich. "Manche Häuser haben sogar zwei Schornsteine. Und dabei hat man doch nur Ärger mit Schornsteinen!

Die meiste Zeit ziehen sie nicht richtig, weil sie mit Ruß verstopft sind oder weil die Sonne darauf scheint. Dann sind sie auch noch gefährlich. Denn Schornsteinbrände entstehen fast immer in Schornsteinen und außerdem liest man häufig in der Zeitung, daß irgendwo in der Welt ein Schornstein eingestürzt ist.

All das sind keine Probleme für die Lützelhirner. Sie nehmen einfach ein paar Ziegel aus dem Dach und - schwuppdich - kann der Rauch abziehen, ganz ohne Schornstein."

Bei dieser Überlegung begriff ich auch, warum ich bis jetzt noch keinen Lützelhirner außerhalb der Häuser gesehen hatte: Natürlich schliefen sie alle, das war ja ganz logisch! Denn durch das Nicht-Bauen der Schornsteine hatten sie so viel Zeit und Geld gespart, daß sie sich getrost ein kleines Schläfchen gönnen konnten.

Schließlich schien sie mein Rufen aber doch beim Schlafen gestört zu haben. Denn nach etwa zwei Stunden sah ich, daß drüben im Dorf jemand eine Kuh aus dem Stall holte, einen Stuhl auf die Kuh stellte, eine Leiter an die Kuh lehnte und sich auf den Stuhl setzte.

Der Stuhl schwankte sehr, aber es gelang dem Mann, obenzubleiben und zu mir zu reiten. Er ritt nicht auf dem Weg, denn da wäre er ja eingesunken. Er kam durch die Getreidefelder und schaffte es, schon nach einer weiteren Stunde bei mir zu sein.

Da ich inzwischen bis zur Brust eingesunken war, er aber auf dem Stuhl und dazu noch auf der Kuh saß, war der Höhenunterschied zwischen uns gewaltig. Ich mußte ziemlich laut rufen, damit er mich verstand.

"Warum sitzt Ihr eigentlich auf einem Stuhl auf der Kuh, lieber Lützelhirner?" rief ich ihm zu.

"Das kann ich Euch erklären", rief er zurück. Dabei beugte er sich etwas vor und hätte beinahe das Gleichgewicht verloren. "Wie Ihr seht, ist meine Kuh sehr mager. Wenn die mich tragen müßte, würde sie zusammenbrechen. Aber einen Stuhl kann ich ihr gerade noch zumuten. Deswegen sitze ich auf dem Stuhl. Natürlich muß ich darauf achten, daß ich meine Beine immer schön in der Luft behalte. Denn wenn ich sie auf dem Kuhrücken abstellen würde, dann müßte das arme Vieh nicht nur das Gewicht des Stuhls tragen, sondern auch noch das Gewicht meiner Beine. Und das wäre bestimmt zuviel."

Das war wirklich klug überlegt! Aber auch ohne diese Antwort hatte ich den Mann natürlich sofort als Lützelhirner erkannt. Seine ganze Kleidung zeigte nämlich, wie schlau dieser Mann war: Andere mögen vielleicht darüber klagen, wie schnell sie bei schwerer Arbeit in Schweiß geraten. Für ihn war das kein Problem. Wie kunstvoll hatte er doch in seinem Anzug für Lüftung gesorgt! Die Knie waren durchgewetzt, die Ärmel halb abgerissen und an beiden Seiten klafften große Schlitze.

Es war klar, daß ich einem echten Lützelhirner gar nicht lange zu erklären brauchte, warum ich nach ihm gerufen hatte. Er stellte sich gleich auf den Stuhl und sprang herunter, um mir zu helfen. Dabei sank er bis zum Bauch in den Schlamm. Jetzt standen wir auf gleicher Höhe und konnten uns etwas leiser unterhalten.

Ich machte ihm den Vorschlag, wir sollten den Schwanz der Kuh packen und uns von ihr aus dem Morast ziehen lassen. Er schüttelte den Kopf und meinte, die Kuh habe nicht einmal die Kraft, einen einzelnen herauszuziehen. Aber er versprach mir, über die Lösung des Problems nachzudenken.

Während er so nachdachte, wurde es allmählich dunkel, und die Kuh wurde ein wenig ungeduldig. Sie schlug mit dem Schwanz einige Male in die Luft und traf dabei zufällig den Stuhl. Er rutschte von ihrem Rücken und fiel mir mit solcher Wucht auf den Kopf, daß ich bis unter die Achseln in den Schlamm getrieben wurde.

Der Schlag mußte eine vorteilhafte Wirkung auf mein Gehirn ausgeübt haben, denn schlagartig hatte ich eine gute, man kann schon sagen: eine s e h r gute Idee.

"Kann die Kuh wohl einen Stuhl ziehen?" fragte ich meinen Nachbarn im Schlamm.

"Das kann sie", sagte er. "Sie kann ja auch einen tragen."

Da ergriff ich den Stuhl, knotete den Schwanz der Kuh am Stuhl fest und rief laut: "Hüh! Hüh!"

Die Kuh trottete gemächlich los und zog den Stuhl hinter sich her. Schnell hielt ich mich am Stuhl fest - und tatsächlich zog er mich aus dem Morast, ganz wie ich es mir ausgemalt hatte. Als das mein Leidensgefährte begriff, gratulierte er mir zu dieser guten Idee. Er drückte mir fest die Hand, und siehe da: Plötzlich war auch er herausgezerrt.

Darüber war es leider schon finstere Nacht geworden. Ich mußte schleunigst umkehren, da ich in Schlaubach ein Zimmer bestellt hatte.

So bedankte ich mich bei meinem Retter und machte mich auf den Heimweg.

Erst ging mir der Morast noch bis an die Knie, bald nur noch bis über die Schuhe, und als ich an der Stelle angelangt war, wo der Lützelhirner Weg in die Hauptstraße mündet, konnte ich trockenen Fußes weitergehen.

Ich habe mir vorgenommen, bei nächster Gelegenheit noch mehr von Lützelhirn kennenzulernen. Denn selbst ein so kluger Mensch wie ich hat dort noch einiges dazugelernt.

«Und jetzt fehlt uns eigentlich nur noch eine einzige Geschichte», sagt Elfi.
«Welche?» fragt Onkel Florian.
«Eine Detektivgeschichte», sagt Elfi.
«Eine Detektivgeschichte? Da kenne ich eine ganz besondere. In dieser Geschichte gibt es einen Tatort, etwas soll herausgefunden werden, und es gibt einen Detektiv, der sich von Spur zu Spur weiterarbeitet, bis er am Ende den Fall gelöst hat», erklärt Onkel Florian.
«Das ist doch nichts Besonderes», sagt Elfi.
«So sind doch alle Detektivgeschichten», sagt Paul.
«Und doch ist etwas Besonderes dabei: nämlich der Tatort oder Schauplatz der Geschichte», erklärt Onkel Florian. «Die Spur führt nämlich . . .»
«. . . nach England?» fragt Paul.
«. . . nach Amerika?» fragt Elfi.
«Ihr werdet ja sehen!» sagt Onkel Florian und stellt die Geschichte vor.

Sherles Holmocks schwierigster Fall

Es klingelte zweimal.
Sherles Holmock seufzte, erhob sich aus dem karierten Sessel und öffnete die Wohnungstür. Draußen stand ein Junge.
«Sind Sie Sherles Holmock, der berühmte Privatdetektiv?» fragte er aufgeregt.
Sherles Holmock nickte.
«Mein Name ist Peter», sagte der Junge, während er sich geschickt an Holmock vorbei in den Flur schlängelte. «Ich möchte Detektiv werden. Darf ich bei Ihnen als Lehrling anfangen?»
«Wie stellst du dir das vor? Das geht nicht», sagte Sherles Holmock. «Wahrscheinlich werde ich meinen Beruf sowieso aufgeben. Ich werde langsam alt. Drei Wochen arbeite ich schon an meinem letzten Fall, und trotz fabelhafter Verkleidung bin ich noch keinen Schritt weitergekommen.»
«Noch keinen Schritt? Worum geht es denn?» fragte Peter und machte ein paar Schritte auf die Wohnzimmertür zu.
Sherles Holmock folgte ihm, schob ihn durch die Tür und wies einladend auf einen der Sessel. «Ich soll etwas oder jemanden finden», sagte er dabei und nahm nacheinander drei seiner Masken ab, «aber ich weiß weder, was ich finden soll, noch wo ich es finden kann!»

«Wie kann man etwas suchen, wenn man nicht einmal weiß, *was* es ist?» fragte Peter.

«Es gibt ein paar Hinweise», erklärte Holmock. «Ich habe drei Zeugenaussagen. Alle drei Zeugen behaupten, sie wüßten genau, was ich suchen soll. Aber erstens sind die Aussagen so geheimnisvoll, daß ich damit nichts anzufangen weiß. Zweitens weiß ich durch einen Spitzel, daß zwei der Zeugen lügen. Ich weiß nur nicht, welche beiden.»

«Was sagen denn die drei Zeugen?» fragte Peter.

«Das hier sind ihre Aussagen», sagte Sherles Holmock düster. «Wie du siehst, heißen die drei Amalie, Albert und Agathe.»

«Aha», sagte Peter. «Man muß die Schlangenlinien entlangfahren, um erst einmal herauszufinden, von welchen Zeugen die Aussagen Nr. 1, Nr. 2 und Nr. 3 stammen.»

«Sehr gut», lobte Sherles Holmock. «Das habe ich auch getan. Aber es brachte mich nicht weiter. Ich kann mit den Aussagen immer noch nichts anfangen.»

«Hm», meinte Peter und überlegte. «Kennen Sie das Spiel ‹Schiffe-Versenken›?»

Er zeichnete drei Vierecke auf und schrieb Buchstaben und Zahlen an den Rand. «Das ist es. Man muß die angegebenen Kästchen schwarz ausmalen. Wenn es hier zum Beispiel A2 heißt, muß man das zweite Quadrat in der Reihe A ausmalen. Und so weiter.»

Gemeinsam machten sie sich an die Arbeit, und wenig später standen drei Zahlen in den drei Kästchen.

1. SCHRITT: Ihr stellt fest, von wem welche Aussage stammt.

2. SCHRITT: Ihr malt die angegebenen Kästchen schwarz aus. A1 bedeutet: Das 1. Kästchen in der Reihe A. (Das Kästchen A7 unter der 1. Aussage ist schon ausgemalt, als Beispiel.)

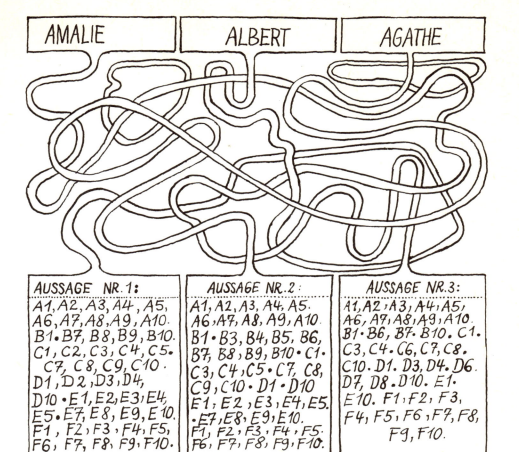

AUSSAGE NR. 1:	AUSSAGE NR. 2:	AUSSAGE NR. 3:
A1, A2, A3, A4, A5, A6, A7, A8, A9, A10. B1. B7, B8, B9, B10. C1, C2, C3, C4, C5. C7, C8, C9, C10. D1, D2, D3, D4, D10 · E1, E2, E3, E4, E5. E7, E8, E9, E10. F1, F2, F3, F4, F5, F6, F7, F8, F9, F10.	A1, A2, A3, A4, A5. A6, A7, A8, A9, A10. B1 · B3, B4, B5, B6, B7, B8, B9, B10 · C1. C3, C4, C5 · C7, C8, C9, C10 · D1 · D10. E1, E2, E3, E4, E5. · E7, E8, E9, E10. F1, F2, F3, F4, F5. F6, F7, F8, F9, F10.	A1, A2, A3, A4, A5, A6, A7, A8, A9, A10. B1 · B6, B7 · B10. C1. C3, C4. C6, C7, C8. C10. D1. D3, D4. D6. D7, D8. D10. E1. E10. F1, F2, F3, F4, F5, F6, F7, F8, F9, F10.

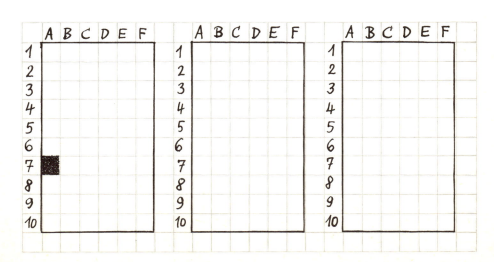

«Jetzt beginne ich auch den nächsten Hinweis zu verstehen», sagte Sherles Holmock begeistert. «Hier steht: ‹Onk.Flo.Fli.Flo. – Auf der angegebenen Seitenzahl sollst du den 31., 33., 47., 54., 63., 70., 71., 73., 74., 77., 105. Buchstaben unterstreichen und auf dieses Blatt schreiben. So ergibt sich, was gesucht werden soll!› Aber was ist nur ‹Onk. Flo.Fli.Flo.›?»

«Ist doch klar», sagte Peter. «Wir müssen in dem bekannten Buch ‹Onkel Florians Fliegender Flohmarkt› die betreffende Seite suchen und die angegebenen Buchstaben herausschreiben. So erfahren wir, was wir suchen sollen.»

«Aber welche Seitenzahl stimmt? Wer sind die Lügner? Vielleicht sagt dir folgender Hinweis etwas. Er soll einen der Lügner entlarven. Aber er enthält nur Zahlen.»

«Ist doch klar», sagte Peter. «Wir müssen erst die Punkte neben den Zahlen durch Linien verbinden. Dann noch die Sternchen, von eins bis fünf.»

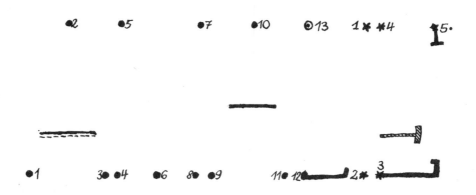

3. SCHRITT: Ihr verbindet die Punkte in der Reihenfolge der Zahlen (von 1–13). Dann noch die Sternchen von 1–5! Damit habt ihr die 1. falsche Aussage!

Kaum haben sie das getan, steht schon der erste Lügner fest.

«Vielleicht kannst du mit dem zweiten Hinweis auch etwas anfangen, der vorgestern aus dem Gefängnis geschmuggelt wurde. Es sind einige maschinengeschriebene Zeilen. Darunter hat man eine Botschaft geschrieben, die ich nicht verstehe. So sieht es aus:»

```
EIN ALTER MANN SITZT AM BIERTISCH!
```
EIN LÜTER MANN SITZT AM GINERISCH!

«Ist doch klar», sagte Peter. «Unten steht noch einmal der gleiche Satz wie oben. Nur sind unten einige Buchstaben verändert worden. Lesen Sie doch einmal die neuen Buchstaben hintereinander!»

«Lügner», las Sherles Holmock aufgeregt.

«Wenn man jetzt für ‹Lügner› die ursprünglichen Buchstaben einsetzt, die gleichen wie oben, so ergibt sich ein Name: Das ist der zweite Lügner.»

Hier ist zweimal ~~fast~~ der gleiche Satz. Der geheimnisvolle Schreiber hat absichtlich beim Abschreiben sechs Fehler gemacht. Sechs Buchstaben sind falsch!

4. SCHRITT: Schreibt die sechs falschen Buchstaben der Reihe nach hier auf: _ _ _ _ _ _

Dann schreibt auf, welche Buchstaben ursprünglich auf dem Platz standen, wo jetzt die Fehlerbuchstaben stehen: _ _ _ _ _ _ ← hier

der Name des 2. Lügners. Jetzt wißt ihr, welche Aussagen falsch sind!

«Erstaunlich», murmelte Sherles Holmock, als er das getan hatte.

«Ist doch klar», sagte Peter. «Da wir jetzt die beiden falschen Aussagen kennen, wissen wir, wer die Wahrheit spricht. Jetzt ist bekannt, auf welcher Seite wir die angegebenen Buchstaben herausschreiben sollen.»

5. SCHRITT: Ihr streicht die beiden falschen Aussagen. Die richtige, die übrigbleibt, ist eine Seitenzahl hier im Buch. Auf dieser Seite beginnt ihr links oben die Buchstaben zu zählen und tragt hier den 31., 33., 47., 54., 63., 70., 71., 73., 74., 77., 105. Buchstaben ein:

(Bitte Großbuchstaben verwenden!)

«So, jetzt wissen wir zwar, wonach wir überhaupt suchen sollen», sagte Sherles Holmock erleichtert, als sie damit fertig waren. «Aber wir wissen immer noch nicht, *wo* wir ihn suchen sollen.»

«Gibt es keinen Hinweis mehr?» fragte Peter.

«Doch, ein Bild mit Würfeln und der Unterschrift ‹Rückseite›. Auf der Rückseite steht nur wieder ‹Onk.Flo.Fli.Flo.›», sagte Holmock. «Vielleicht zeigen die Augen auf den Würfeln die richtige Seitenzahl im Buch an.» Er blätterte eifrig und sagte dann enttäuscht: «Diese Seitenzahl gibt's gar nicht.»

«Ich hab's!» rief Peter so laut, daß Sherles Holmock erschrocken zusammenzuckte. «Nicht die Rückseite des Bildes ist gemeint, sondern die Rückseite der Würfel!»

«Aber die kann man ja nicht sehen», wandte Holmock ein.
«Muß man nicht. Schließlich weiß man ja, daß die Punkte auf der Vorderseite und der Rückseite eines Würfels zusammen immer die Zahl sieben ergeben!»

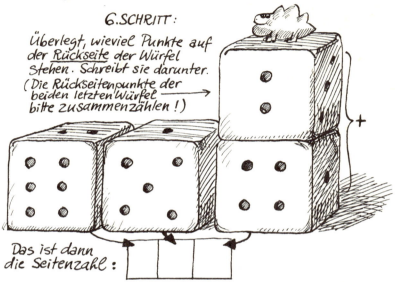

Sherles Holmock begann zu rechnen und schlug dann eilig die Seitenzahl nach, die herauskam.
«Hier ist wirklich ein großes Bild in ‹Onkel Florians Fliegender Flohmarkt›. Aber wie sollen wir das Gesuchte finden?» rief er dabei. «Ob vielleicht die letzte Botschaft etwas damit zu tun hat? Darauf ist ein Blatt zu sehen, das in sechs Felder unterteilt ist. Wenn man wüßte, in welchem Feld des Blattes man suchen muß, würde man das Gesuchte leichter finden!»
«Darf ich mal sehen?» fragte Peter. Er betrachtete das Bild. «Ist doch klar», meinte er dann. «Man soll das Bild, das wir eben herausgefunden haben, wie auf der Vorlage in sechs Vierecke unterteilen. In einem der Vierecke findet man das Gesuchte.»
«Aber in welchem Viereck?»
«Das bekommt man heraus, wenn man die vier Schuhe auf dem Durcheinanderbild gefunden hat und sie mit geraden Linien verbindet. Wo sich die Linien kreuzen, findet man einen Buchstaben. Der sagt an, welches Viereck gemeint ist.»

279

A	B
C	D
E	F

Wenn ihr die Zeichnung auf der Seite, die ihr beim 6. Schritt gefunden habt,
← so aufteilt, erhaltet ihr 6 Vierecke: A, B, C, D, E und F.
In einem dieser Vierecke müßt ihr genauer suchen.
In welchem? Das sagt euch der 7. SCHRITT:
Sucht auf dem Durcheinander-Bild hier <u>vier Schuhe</u>!
Wenn ihr die Schuhabsätze der vier Schuhe durch gerade Linien verbindet (Lineal benutzen!), kreuzen sie sich genau über dem gesuchten Buchstaben!

«Woher weißt du das?» fragte Sherles Holmock entgeistert.

«Steht doch auf der Rückseite!» sagte Peter lachend und zeigte es ihm.

Eilig machten sie sich an die Arbeit, und wenig später war das Gesuchte auf dem großen Bild gefunden.

«So, jetzt muß ich nur noch wissen, wie du mit dem Nachnamen heißt», sagte Sherles Holmock anschließend zu Peter.

«Haferkorn», sagte Peter verblüfft. «Wieso?»

«Ist doch klar», sagte Sherles Holmock, schrieb einen Zettel und klebte ihn über sein Namensschild an der Wohnungstür.

Seitdem steht da:

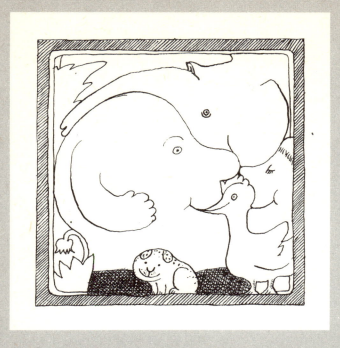

Suchbilder und Anschmiegbilder

«Heute machen wir ...» beginnt Onkel Florian.
«Was?» fragt Paul.
Onkel Florian, der sich nicht gern mitten im Satz unterbrechen läßt, fängt geduldig noch einmal von vorn an.
«Heute machen wir ...»
«Einen Kuchen?» fragt Elfi.
Onkel Florian schüttelt den Kopf und fängt noch einmal an. «Heute machen wir einen Spaziergang durch die ...»

«Sehr fein! Heute machen wir einen Spaziergang durch die Natur», ergänzt Herr Dörrlein, der gerade zufällig hereinkommt. «Dann gehe ich gleich meinen Spazierstock holen. Keine Wanderung ohne Spazierstock. Schon mein Großvater hat immer gesagt ...»
Jetzt unterbricht Onkel Florian selber jemanden mitten im Satz. «Heute machen wir einen Spaziergang durch die Stadt», sagt er dazwischen. «Da brauchen Sie keinen Wanderstock!»
«Auch recht», sagt Herr Dörrlein. «Wo man den Wanderstock nicht braucht, da soll man ihn auch nicht hintragen, hat mein Großvater immer gesagt. Oder so ähnlich.»
«Dann gehen wir mal los!» sagt Onkel Florian, und die vier gehen los. Unterwegs sehen sie an einem Haus ein Schild.
«SUCHBILDER-GALERIE» steht da über einer Tür.
«Suchbilder-Galerie? Was ist das? Davon hat mir mein Großvater nie etwas erzählt», sagt Herr Dörrlein staunend.
«Eine Galerie ist ja wohl ein Laden, in dem Bilder ausgestellt werden», überlegt Onkel Florian. «Am besten, wir gehen hinein und sehen uns die Bilder an.»
Oben im ersten Stock ist die Tür nur angelehnt. Neugierig gehen die vier hinein. Erst kommt ein langer, hoher Flur – ohne Bilder. Dann, nebeneinander, vier weißgestrichene Türen.
«Welche Tür nehmen wir?» fragt Onkel Florian unschlüssig.
«Zaubertrank und Hinkelstein – diese Türe muß es sein!» zählt Paul ab und deutet auf die dritte. Vorsichtig öffnen sie die Tür und gucken ins Zimmer.
«Wenn ich nicht genau wüßte, daß hier eine Galermie ist ...» sagt Paul.
«Galerie», verbessert Elfi. «Galerie!»

283

«. . . dann würde ich meinen, daß es ein Schlafzimmer ist.»

Onkel Florian nickt zweimal zustimmend, Herr Dörrlein sechsmal. Außer einem Schrank und einem Doppelbett steht nichts im Zimmer.

«Wahrscheinlich heißt das hier Suchbilder-Galerie, weil man so lange suchen muß, bis man ein Bild findet», meint Herr Dörrlein.

Sie schließen die Tür wieder und gucken ins nächste Zimmer. Eine Frau und ein Mann sitzen auf dem Sofa und sehen sich das Nachmittagsprogramm im Fernsehen an.

«Sie wünschen?» fragt die Frau, ohne den Blick vom Fernseher zu wenden.

«Wo sind die Bilder?» fragt Onkel Florian. Auch in diesem Zimmer hängt kein einziges Bild.

«Wenn Sie in die Galerie wollen, müssen Sie ein Stockwerk höher steigen», sagt der Mann. «Hier ist privat!»

«Ach so», sagen Herr Dörrlein und Onkel Florian fast gleichzeitig, und die vier steigen noch eine Treppe höher.

Oben ist wirklich eine Galerie. An den Wänden hängen Bilder.

«Wollen Sie einen Katalog?» fragt eine junge Frau, die neben dem Eingang an einem kleinen, grünen Schreibtisch sitzt.

«Katalog? Was ist das?» fragt Paul.

«Das ist ein kleines Buch, in dem einiges über die ausgestellten Bilder steht», erklärt die Frau freundlich.

Onkel Florian kauft einen Katalog. Dann betrachten sie die Bilder.

«Vor dieser großartigen, gewaltigen Berglandschaft kann der Mensch nur andächtig schweigend verharren», sagt Herr Dörrlein, als er das erste Bild sieht. Darauf ist er für kurze Zeit still. Auf diese Weise kommt Onkel Florian zu Wort.

«Ich weiß nicht», meint er. «Mir kommt das Bild vor wie eines von diesen Vexierbildern, von diesen Suchbildern. Ihr kennt die doch: Da ist irgendwo im Bild ein Gesicht versteckt, und jetzt muß man das Bild so lange drehen und wenden, bis man das Gesicht findet. Mal sehen, ob wir hier ein verstecktes Gesicht entdecken!»

«Meistens ist es in den Wolken versteckt. Fast immer sogar», sagt Elfi eifrig. Sie kennt sich aus.

Aber solange sie auch die Wolken betrachten, das Bild mal nach rechts, mal nach links drehen und schließlich sogar auf den Kopf stellen – ein Gesicht finden sie nicht.

«Es scheint eines von den ganz schweren zu sein», sagt Paul und kratzt sich hinter dem rechten Ohr wie immer, wenn etwas sehr schwierig ist. «Sicher ist es für Erwachsene gedacht, nicht für Kinder. In den Wolken ist jedenfalls kein Gesicht zu sehen. Betrachten wir doch mal die übrige Landschaft!»

«Aha, ein alter Ritter», sagt Herr Dörrlein vor dem nächsten Bild.

«Wieso alt? Soo alt sieht er auch wieder nicht aus», meint Elfi.

«Ich habe das Gesicht gefunden! Ich habe das Gesicht schon entdeckt!» ruft Paul begeistert. «Es guckt vorne aus dem Helm. Ich kann deutlich den Schnurrbart erkennen!»

«Man soll ja hier gar kein Gesicht erkennen, sondern eine Zahl», erklärt Onkel Florian, der im Katalog nachsieht.

Herr Dörrlein blickt ihm über die Schulter. «Und zwar die Sieben», ergänzt er. «Eine Sieben.»

«Da ist eine Zahl! Gleich neben dem Kinn», schreit Elfi triumphierend. Aber als sie das Bild auf den Kopf stellt, merkt man, daß es eine Zwei ist.

«Das war eine Falle», sagt Herr Dörrlein schadenfroh. «Die Suche nach der Sieben ist noch nicht zu Ende.»

286

Sie gehen weiter zum nächsten Bild.

«Offensichtlich ein Indianer», sagt Herr Dörrlein, als sie vor dem Bild stehen.

«Häuptling Scharfes Adlerauge», liest Onkel Florian vor.

«Das Bild ist ziemlich seltsam», sagt Elfi, die viel von Indianern weiß. «Man kann sagen, es stimmt nicht.»

«Wieso nicht?» fragt Herr Dörrlein interessiert.

«Weil der Häuptling die Friedenspfeife raucht, aber gleichzeitig Kriegsbemalung aufgelegt hat», erklärt Elfi eifrig.

«Vielleicht ist er ein wenig unentschlossen», meint Herr Dörrlein.

«Jedenfalls soll man hier eine Schere suchen», sagt Onkel Florian.

«Schere? Indianer haben keine Scheren», sagt Elfi verächtlich und geht zum nächsten Bild.

So müssen die drei allein nach der Schere suchen.

«Ein Schwein!» sagt Herr Dörrlein, als er vor dem nächsten Bild steht.

«Wieso?» fragt Paul schuldbewußt.

«Zwei Schweine», verbessert Elfi.

«Ein Schwein und ein Ferkel», stellt Onkel Florian richtig.

«Und was soll man suchen? Sicher einen Radfahrer», sagt Elfi.

«Nein, eine Kuh», erklärt Onkel Florian.

«Eine Kuh?» fragen alle und schütteln ungläubig den Kopf. Nach einer Weile sieht Onkel Florian, daß unten im Katalog noch etwas Kleingedrucktes steht, und liest vor:

«Den rechten Bildrand mit der Schere an den beiden waagrechten Linien einschneiden. Bis zur gestrichelten Linie. Dann den Streifen nach hinten umknicken!»

«Ach so», sagen die drei anderen, borgen sich vom Indianer die Schere aus und schneiden das Blatt ein. Dann betrachten sie die Kuh.

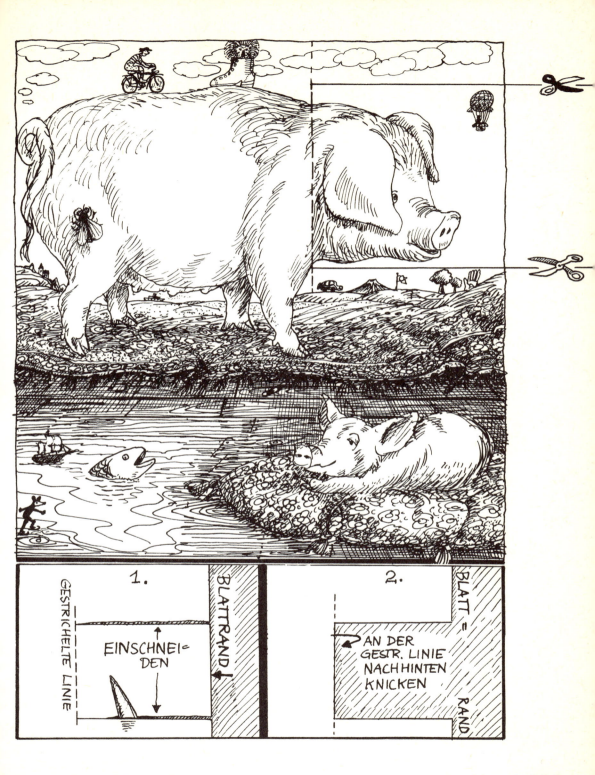

«Schon wieder eine Kuh», sagt Elfi enttäuscht vor dem nächsten Bild. «Sollen wir die noch einmal finden? Dann können wir gleich weitergehen zum nächsten.»

«Nicht so eilig!» sagt Onkel Florian. «Hier ist eine Hand versteckt.»

«Eine Hand? Kühe haben gar keine», sagt Elfi.

«Doch, die hat eine», lacht Paul, der sie schon gesehen hat. «Eine Hand mit ausgestrecktem Zeigefinger.»

Und weil Elfi sie immer noch nicht sieht, zeigt er mit ausgestrecktem Zeigefinger auf den ausgestreckten Zeigefinger.

«Ein schlechtes Suchbild!» sagen die vier vor dem nächsten Bild. «Viel zu leicht! Kindisch! Das E sieht man sofort.»

«Vielleicht ist das E wieder eine Falle, und man muß ein G suchen», wirft Herr Dörrlein ein.

«Oder ein Q», meint Elfi.

«Oder ein Y», sagt Paul.

Onkel Florian sieht im Katalog nach.

«Unvollendetes Suchbild», liest er vor. «Der Künstler bemüht sich gerade, ein E auf dem Bild zu verstecken. Aber es ist ihm noch lange nicht gelungen! Obwohl er schon ein Küchenhandtuch und mehrere Kissen über den Buchstaben gebreitet hat, ist das E nach wie vor deutlich zu sehen. Viel Arbeit wird noch nötig sein, bis aus dem Bild ein gutes Suchbild geworden ist!»

«Das kann man wohl sagen», sagt Herr Dörrlein.

Alle vier nicken sachkundig. Als sie damit fertig sind, gehen sie nach Hause.

«Heute haben wir so viele Bilder gesehen», sagt Elfi, als sie zu Hause angekommen sind. «Ich habe richtig Lust, jetzt auch etwas zu zeichnen.»
«Ich auch!» sagt Paul eifrig.
«Hmmm», überlegt Onkel Florian. «Leider habe ich nur *ein* großes Blatt Papier im Flugzeug. Wer soll das jetzt bekommen, Paul oder Elfi?»
«Ich», sagt Paul.
«Ich», sagt Elfi.
«Ich sehe, wir müssen losen», sagt Onkel Florian. «Es sei denn, ihr wollt euch das Blatt teilen.»
«Nein», sagt Paul.
«Nein», sagt Elfi.
«Nein?» sagt Onkel Florian. «Dann bekommt der das Blatt, der das längere Streichholz zieht.» Er bricht von einem Streichholz ein Stück ab, steckt dieses und ein ganzes zwischen die Finger und läßt die beiden je eines ziehen. Elfi gewinnt und fängt sogleich an. Sie will einen Vogel zeichnen.

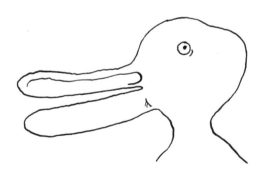

So weit ist sie gerade gekommen, da stellt sie fest, daß sich Paul in der Zwischenzeit ein Brot aus der Küche geholt hat. Und weil sie augenblicklich starken Hunger bekommt, geht sie in die Küche, um sich auch ein Wurstbrot zu holen.

Der Vogel hätte, wenn er fertig geworden wäre, vielleicht so ähnlich ausgesehen:

Vielleicht hätte sie auch einen Zebravogel daraus gemacht. So:

Aber vorerst ist die Zeichnung nur angefangen. Auf dem Blatt sieht man das:

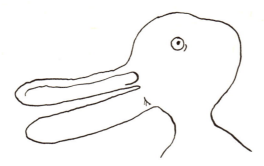

Paul steht mit seinem Brot in der Hand davor und denkt sich: Wenn ich ein klein wenig weiterzeichne, kann das nicht schaden. Nur ein paar Striche!
Und da er nicht weiß, daß Elfi einen Vogel zeichnen wollte, legt er das Brot aus der Hand und zeichnet das Bild so zu Ende:

Als gleich darauf Elfi aus der Küche zurückkommt, sitzt kein Vogel auf dem Blatt, sondern ein Hase.
«So eine Gemeinheit! Er hat mein Bild weitergezeichnet! Und auch noch ganz falsch», schimpft sie. «Was soll ich jetzt zeichnen? Es ist doch kein Blatt mehr da.»
Onkel Florian denkt nach. «Es gibt vielleicht noch eine Lösung», sagt er. «Zeichnet doch einfach Anschmiegbilder!»
«Was ist denn das?»
«Eine Anschmiegfigur ist eine Figur, die sich an eine andere so eng anschmiegt, daß beide zusammen eine gemeinsame Linie haben, da, wo sie aneinanderstoßen. Und ein Anschmiegbild ist ein Bild mit Anschmiegfiguren», erklärt er. «Am besten, ich zeige es euch an eurem Vogelhasen!»
Er nimmt das Blatt, zeichnet weiter, und als er fertig ist, sieht das Blatt so aus:

«Sehr gut!» rufen die beiden und machen sich sofort an die Arbeit.
Erst zeichnet der eine eine neue Anschmiegfigur, dann der nächste.
Bis endlich das ganze Blatt vollgezeichnet ist.

Und weil es so schön war, kaufen sie am nächsten Tag einen Malblock
und zeichnen den ganzen Morgen Anschmiegbilder.

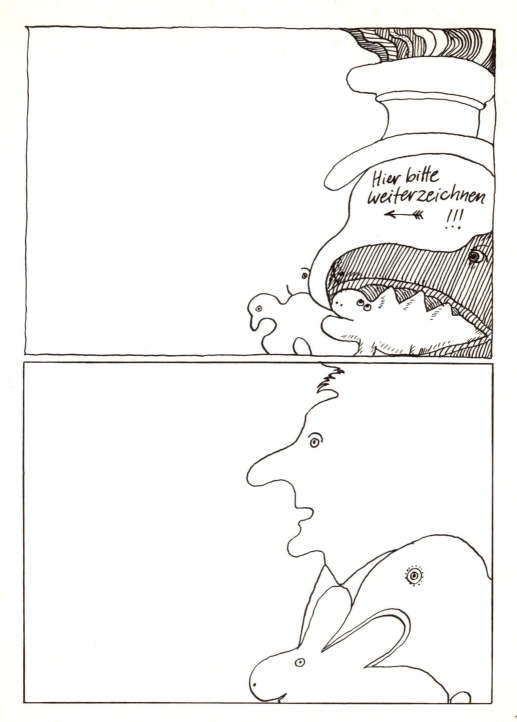

Onkel Florians vorläufiger Fortflug

«Was sollen wir machen? Mir ist's so langweilig», sagt Paul zu Elfi. «Wo nur Onkel Florian bleibt?»
«Vielleicht sollten wir selber mal was erfinden», schlägt Elfi vor.
«Schon gut. Aber was? Mir fällt nichts ein», sagt Paul.
«Was würde wohl Onkel Florian vorschlagen, wenn er schon hier wäre?» überlegt Elfi.
«Ach, der würde zum Beispiel ...»

«Was denn?» fragt Elfi gespannt. Paul denkt angestrengt nach.
«Na ja, zum Beispiel würde er sagen: Heute wollen wir etwas malen.»
«Keine schlechte Idee. Oder er würde vorschlagen: Heute suchen wir uns ausgefallene Ortsnamen aus dem Postleitzahlenbuch zusammen.»
«Klasse! Vielleicht würde er aber auch sagen: Macht doch mal was aus Fotos!»
«Aus Fotos?» fragt Elfi. «Was denn?»
«Man könnte ja Familienfotos nehmen und den Leuten, die darauf sind, Sprechblasen hinmalen. Die sagen dann irgend etwas Witziges.»
«Oder etwas, was für sie besonders typisch ist! Man kann aber auch Fotos aus Illustrierten nehmen.»
«Ja, man könnte da verschiedene Leute ausschneiden, auf ein Bild kleben und miteinander reden lassen.»
«Oder man macht Witzbilder. Man setzt Männerköpfe auf Frauenkörper und umgekehrt.»
«Oder man erfindet Ungeheuer und Monster. Wenn man Tierköpfe und Menschenkörper zusammenklebt ...»
«... und dann alles in eine unheimliche Landschaft setzt. Man ...»
«Weißt du, was ich gerade merke?»
«Was denn?»
«Daß uns eigentlich ziemlich viel einfällt, wenn wir erst einmal nachdenken!»
«Du hast recht. Der Trick dabei ist, daß wir uns einfach nur vorstellen müssen, was Onkel Florian vorschlagen würde, wenn er hier wäre. Dann fällt uns schon was ein!»
«Warum fangen wir nicht gleich an?»
«Womit?»
«Alte Illustrierte gibt's hier 'ne ganze Menge. Scheren haben wir auch.

Vielleicht fangen wir mal an, Leute aus Illustriertenfotos auszuschneiden.»
«Gute Idee!»

Als einige Zeit später Onkel Florian mit seinem fliegenden Flohmarkt eine Runde über dem Hof dreht, sieht er unten Paul und Elfi in der Sonne sitzen. Sie schneiden eifrig Fotos aus und kleben sie auf ein großes Blatt.
«Na endlich!» sagt Onkel Florian oben im Flugzeug zufrieden vor sich hin, stellt die Steuerung auf Automatik und schreibt während des Fliegens einen Brief.
Als er damit fertig ist, hängt er den Brief an einen kleinen Fallschirm und läßt ihn in den Hof zu Paul und Elfi schweben.
«Schau mal: Ein Brief!» ruft Elfi und fängt ihn auf.
«Von Onkel Florian», ruft Paul, als er die Handschrift sieht.
Dann lesen sie gemeinsam den Brief von Onkel Florian:

Liebe Elfi, lieber Paul!

Endlich habt ihr es geschafft, auch ohne mich auf eine neue Spielidee zu kommen! Ich bin sehr zufrieden mit euch!

Ich hatte nämlich schon Angst, daß ihr euch so an mich und meine Vorschläge gewöhnt, daß ihr selber gar nicht mehr darüber nachdenkt, was man spielen könnte. Und das wäre dann genau das Gegenteil von dem gewesen, was ich eigentlich vorhatte: Ich wollte euch nämlich anregen, selber etwas zu erfinden.

Wenn ich jetzt lande und einen neuen Vorschlag mache, vergeßt ihr womöglich eure eigenen Ideen. Deswegen werde ich heute nicht landen und morgen und übermorgen auch nicht. Versucht doch erst einmal, ohne mich etwas zu erfinden. Ihr habt ja gerade gesehen, wie gut das geht.

Und wenn ich euch nächste Woche besuche, dann habt ihr in der Zwischenzeit bestimmt so viele gute Ideen gesammelt, daß zur Abwechslung ihr vorschlagen könnt, was wir drei zusammen unternehmen.

Einverstanden??

Euer Onkel Florian.

Als Paul und Elfi den Brief gelesen haben, blicken sie hoch zu Onkel Florian, der immer noch über dem Hof seine Runden dreht, nicken ihm zu und rufen: «Einverstanden!» Das kann er wegen des Motorenlärms zwar nicht verstehen. Aber er versteht ihr Nicken und ihr Winken, winkt zurück, gibt Gas, und kurz darauf ist Onkel Florians fliegender Flohmarkt hinter der nächsten Wolke verschwunden.

Übrigens...
(und hier kommt, wie man sieht, ein dickes Übrigens...)

Übrigens gilt das, was Onkel Florian an Elfi und Paul geschrieben hat, auch für euch!

Ich hoffe, daß das Buch euch auf neue Ideen gebracht hat und daß ihr es jetzt gar nicht mehr braucht, wenn ihr euch einmal langweilt, wenn ihr krank seid oder wenn es während der ganzen Urlaubstage regnet. Falls euch nicht sofort eigene Ideen kommen, habe ich – zur Überbrückung – noch ein paar Bilder, eine Wette und ein paar Gutscheine für gute Freunde angehängt. Zu der Wette und den Gutscheinen braucht man nichts zu erklären. Vielleicht noch ein paar Worte zu den Bildern:

Das sind alles Figuren zu ungeschriebenen Geschichten. Manchmal beginne ich mit einer Geschichte und mache später die Zeichnungen dazu. Manchmal ist aber auch zuerst eine Zeichnung da, eine Figur, zu der ich dann eine passende Geschichte erfinde.

Die Figuren hier sind alle übriggeblieben. Zum Teil ist mir keine Geschichte dazu eingefallen. Zum Teil auch deshalb, weil das Buch schon ohne die Geschichten ziemlich dick geworden ist.

Vielleicht fallen euch passende Geschichten dazu ein? Und – falls euch eine Geschichte dazu einfällt – vielleicht bekomme ich die sogar zu lesen? Ich würde mich jedenfalls sehr über einen Brief mit einer Geschichte freuen. Und auch über Briefe ohne Geschichten. Vielleicht schreibt ihr mir, wenn euch eine witzige Sprechblasen-Inschrift zu den Buchstabengeschichten eingefallen ist. Vielleicht schreibt ihr mir auch, was man an dem Buch anders oder besser hätte machen können. Jedenfalls herzliche Grüße vom erwachsenen Paul

Meine Adresse:
Paul Maar
Schillerstraße 49
7441 GRÖTZINGEN

Figuren aus ungeschriebenen Geschichten

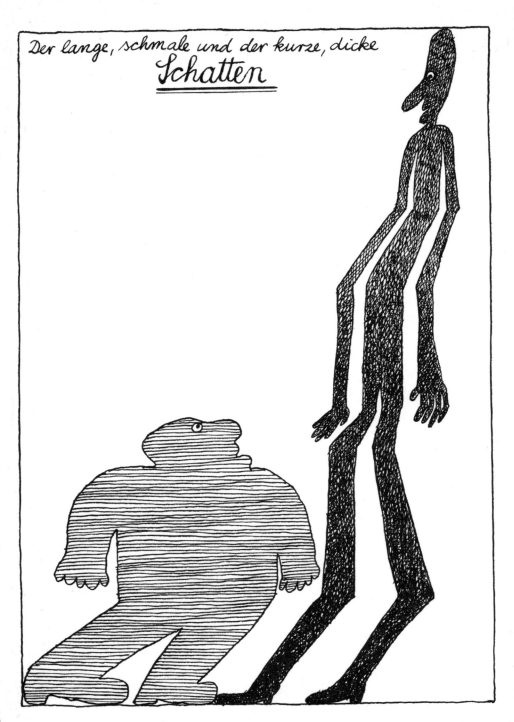

Der Flötenhalsmann

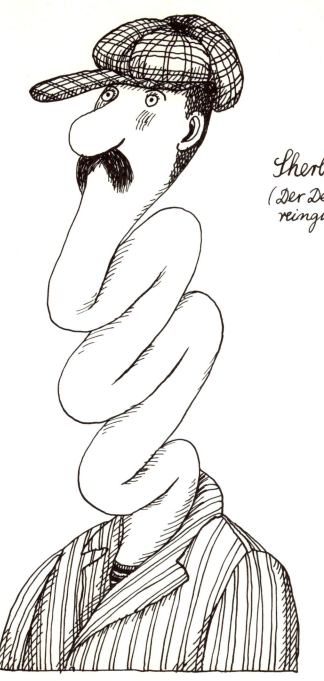

Sherlock Schlangenhals
(Der Detektiv, der überall reingucken konnte)

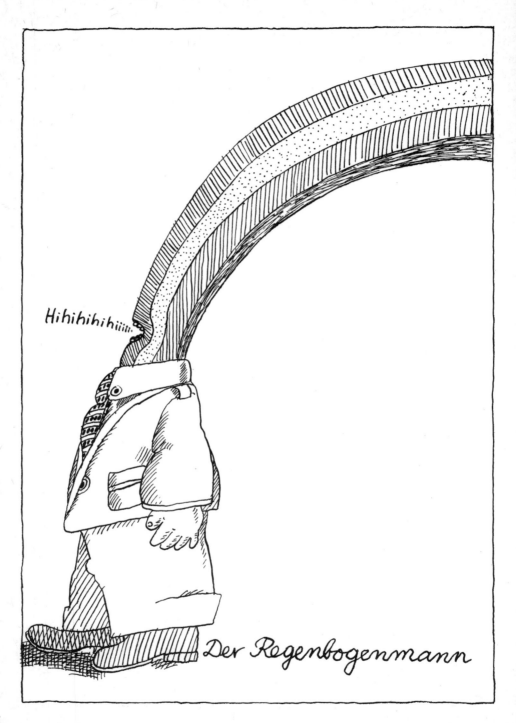

Gutscheine zum Ausschneiden und Weiterschenken an gute Freunde

Wettest du gern? Ja?

Dann biete ich dir folgende Wette an:

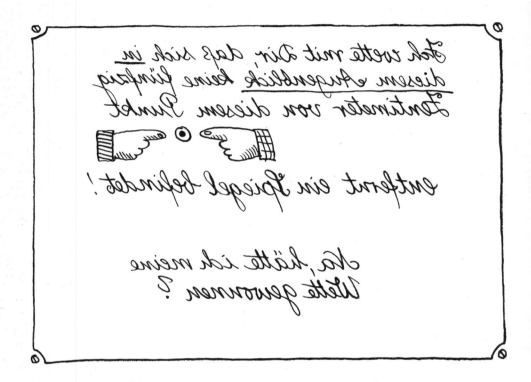

Du kannst die Wette ja auch anderen anbieten.

Weitere Bücher von Paul Maar
im Verlag Friedrich Oetinger

Der tätowierte Hund
Deutscher Jugendbuchpreis, Auswahlliste

Der verhexte Knödeltopf

Der König in der Kiste

Summelsarium
oder 13 wahre Lügengeschichten

Eine Woche voller Samstage
Deutscher Jugendbuchpreis, Auswahlliste

Andere Kinder wohnen auch bei ihren Eltern